多餘的話——瞿秋白獄中反思錄

瞿秋白 著
周楠本 編

「如果人有靈魂的話，
何必要這個軀殼！
但是，如果沒有的話，
這個軀殼又有什麼用處？」
這並不是格言，也不是哲理，而是另外有些意思的話。

秋白

題囚照贈國民黨三十六師少校軍醫陳炎冰（一九三五年五月）

炎冰先生惠存　瞿秋白

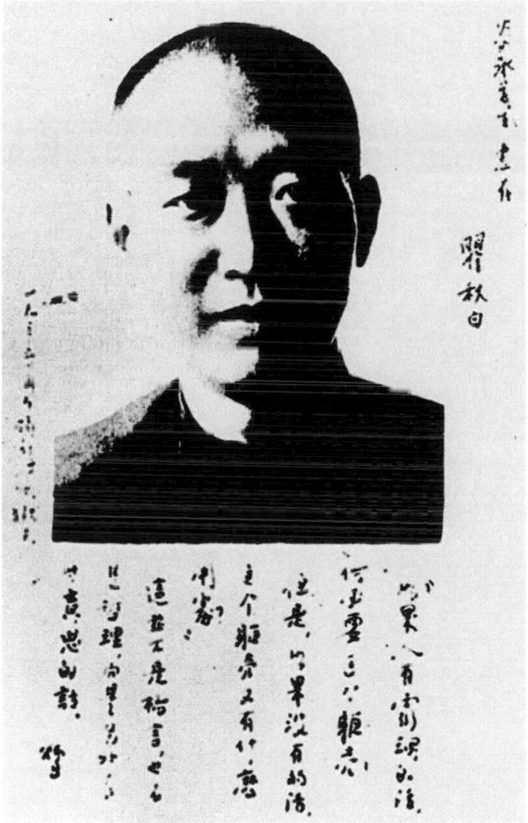

一九三五・五月攝於汀州獄中

瞿秋白押赴刑場時在福建長汀縣中山公園涼亭前攝影（一九三五年六月十八日）

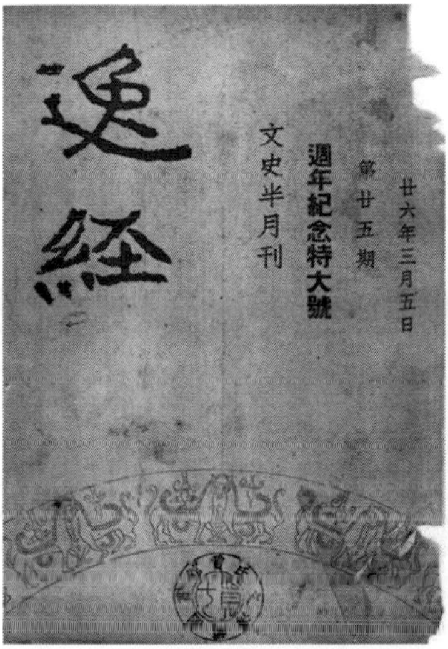

多餘的話

瞿秋白遺著
雪華錄寄

引言

最初全文連載《多餘的話》的三期《逸經》雜誌

左上：幼年時代的瞿秋白
右上：北京《晨報》駐俄國特派通訊員（一九二一年攝於莫斯科）
下：一九二九年與楊之華在蘇聯黑海邊

左上：一九三〇年七月奉命回國前與楊之華在莫斯科留影
左下：瞿秋白隱居上海時書贈魯迅的打油詩《讀〈自由談〉有感》（一九三二・十二・二八）
右下：瞿秋白錄舊作贈魯迅（一九三二・十二・七）

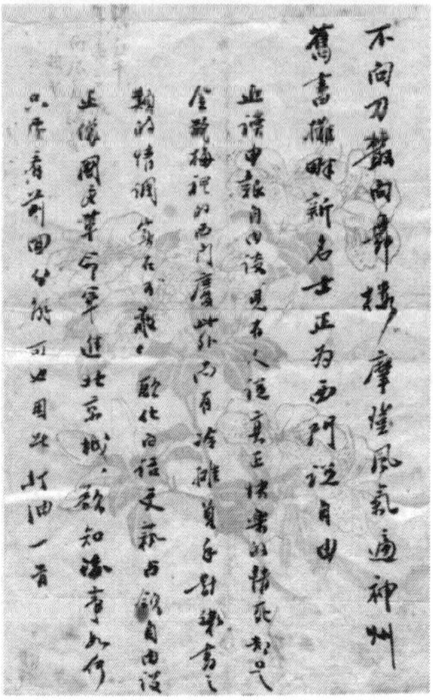

不向刀叢向舞樓，摩登風氣遍神州
舊書攤畔新名士，正為西門說自由

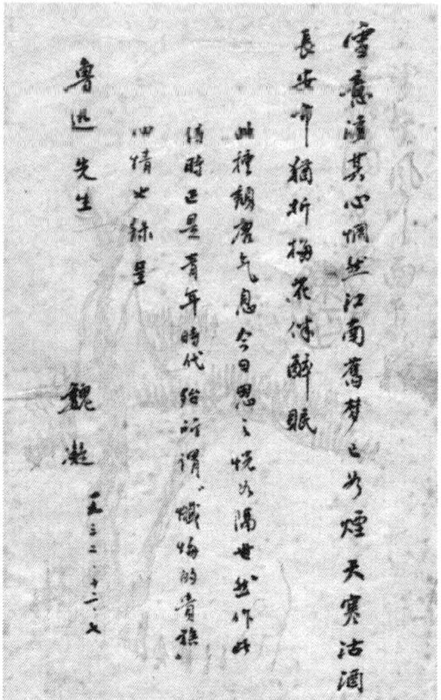

雪意凄其心惘然，江南舊夢已如煙
天寒沽酒長安市，猶折梅花伴醉眠

此種頹唐氣息，今日思之，恍如隔世，然作此詩時，已是青年時代，所謂「懺悔的貴族」心情也。錄呈

魯迅先生

魏凝

一九三二，十二，七

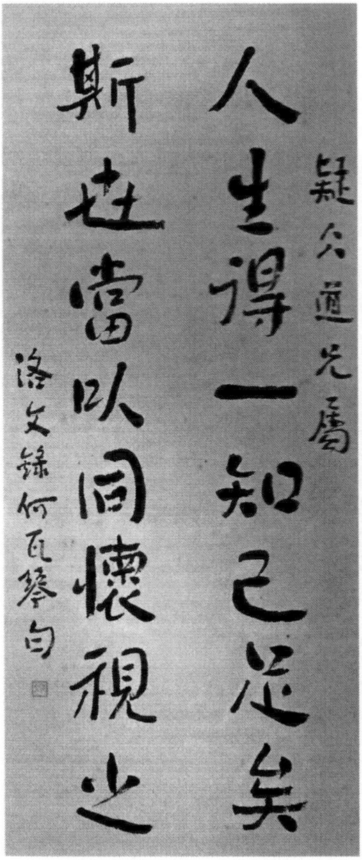

左：魯迅錄清人何瓦琴聯句贈瞿秋白（一九三三）
右：瞿秋白山水畫（一九一九年）題贈好友李子寬

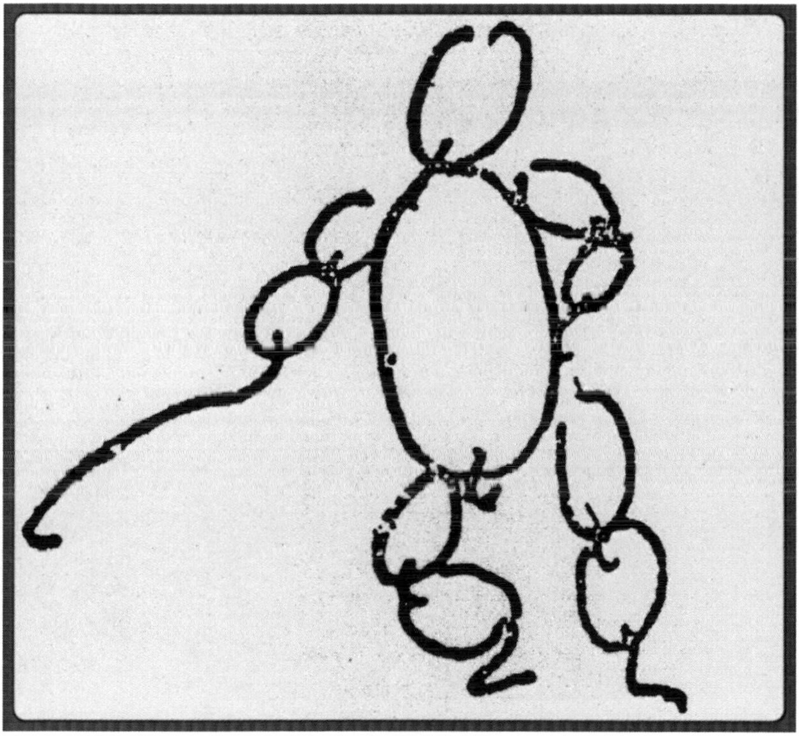

瞿秋白用十個Q字畫的阿Q：「我手持鋼鞭將你打！」

瞿秋白父親瞿世瑋山水畫

《法耕煙山水圖軸》（一九一一）
瞿世瑋（一八七五－一九三二），字稚彬，道號圓初，工山水畫。有《瞿圓初畫冊》及課徒畫稿《山水入門秘訣問答》存世。

《歲寒圖》（一九三〇）
題云：「《歲寒圖》，庚午九秋寫，奉廉如賢契，以賀齊眉之喜。」瞿秋白獄中擬撰述的回憶文中有「父親的畫」一篇（見《未成稿目錄》）。

江西蘇區女紅軍幹部（一九三一年十一月七日攝於江西瑞金）後排站立者：毛澤東夫人賀子珍（右一）、朱德夫人康克清（左一）、毛澤民之妻錢希均（左二）、梁柏台之妻周月林（右二）。前排坐者：古柏之妻曾碧漪（右）、陳正人妻子彭儒（左）。

目次

三、被俘審訊資料

四、參考文獻

五、回憶資料

六、附錄

編者前言

——瞿秋白獄中反思錄：《多餘的話》

《多餘的話》是瞿秋白臨刑前於福建汀州獄中寫的一篇反思錄。這篇遺作在很長一個時期給作者留下了很大的負面影響。對於身後的非議、罪責，作者是有清醒認識的，他在文前引《詩經》中句：「知我者謂我心憂，不知我者謂我何求」，就是借古人的黍離之悲抒發自己心中的憂思，表達他不能被世人理解的悲傷心情。但是他的憂思並不同於古人的黍離之悲，他是情願背袱惡名也要在死之前向世人徹底曝露自己陷入信仰危機時的那種莫可名狀的痛苦的思想情緒。他在痛苦和矛盾之中反思自己所選擇的人生之路，用否定自己的方式啟迪後來的人，他願意將自己已無力消除的困惑，也即一個多餘人的思維，留給後人去解析、評議。

一

他出身於一個破落的士紳家庭。十六歲時因貧輟學，中學未畢業即到社會上去謀職。十七歲時他的母親因不堪承受家庭重負，服毒棄世；父親飄泊異鄉自尋生路，弟妹離散。瞿秋白則投奔其在北洋政府任職的堂兄瞿純白，隨其堂兄從武漢來到北京，並進了「一個既不要學費又有『出身』的外交部立俄文專修館」去學習，當時他不過當做將來與其堂兄一樣，能有一技之長，可以學到謀一碗飯吃的本事而已。

魯迅說：「孺子弱也，而失母則強」。瞿秋白正因為過早的失去了父母親的保護，倒使一個生來文弱而多愁善感的人，剛一進入京城就捲入到社會潮流之中，走向了反抗社會的叛逆道路。一九一九年五四運動爆發，他是俄文專修館學生代表、北京學聯成員，是學生運動的一名活躍分子。後來他還與俄文專修館的同學及文學研究會的幾個朋友創辦《新社會》雜誌（一九一九年十一月）；不久他參加了北京大學教授們創立的馬克思主義研究會（一九二〇年初），成為中國最早一批共產主義信徒（實際上不過是俄國革命追隨者）。由於熱愛俄國文學，嚮往俄國革命，不甘於將來僅僅只有「謀一碗飯吃的本事」去做一名政府機關公務人員，最終他沒有依從在外交部任職的堂兄的意願，在結業前夕，竟然放棄了學業和文憑，於一九二〇年十月應聘為《晨報》特派記者赴俄國做通訊員。應該說「歷史的誤會」由此就開始了，因為他不僅沒有遵循堂兄給他安排的道路，而且也不得不捨棄了他理想的語言文學事業，接受了命運對他的安排，做了一個職業政治活動家。所以多年後他在獄中的遺作裡，帶著悔恨的心情寫道：「從一九二〇年到一九三〇年，整整十年我離開了『自己的家』——我所願意幹的俄國文學研究——到這時候才回來，不但田園荒蕪，而且自己的氣力也已經衰憊了。」所謂「到這時候才回來，不但田園荒蕪，而且自己的氣力也已經衰憊了」，是說的一九三一年初被王明集團打倒拋棄之後，他遇到了中共周邊組織左翼作家聯盟的朋友們，得到他們的接納歡迎，隱居在上海重新開始自己喜愛的文學工作。他認為他過去對人生道路的選擇是「離開了『自己的家』」，現在回歸已經為時已晚；他完全承認這是一個錯誤的選擇，是「歷史的誤會」。但這只是針對「棄文從政」這一職業道路的選擇，並非否定其政治理念本身，更談不到叛變革命。

一九二〇年，這一年他僅僅二十一歲；而到俄國僅僅過了半年時間，一九二一年五月他就成為了共產國際屬下的黨員。此時國內的共產黨活動剛剛開始萌芽。

在蘇聯受了兩年第三國際理論薰染之後他於一九二三年初被派回國，六月作為蘇聯歸國代表參加中國共產黨第三次全國代表大會，並受命撰寫了中共黨綱，這是中共黨史上的第一個黨的綱領。緊接著參加國共合作工作，並受委派參加國民黨一大宣言起草。

國民黨一大代表合影（前排居中座者孫中山，後排左三瞿秋白）

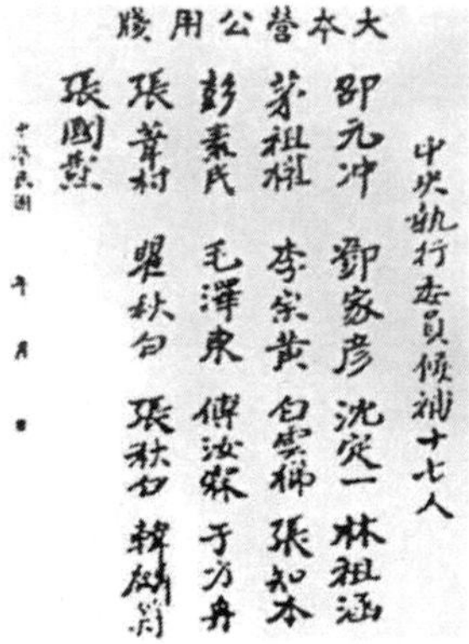

大本營公用牋

中央執行委員候補十七人

邵元冲 鄧家彥 沈定一 林祖涵

茅祖權 李宗黃 白雲梯 張知本

彭素民 毛澤東 傅汝霖 于方舟

張葦村 瞿秋白 張秋白 韓麟符

張國燾

中華民國 年 月 日

孫中山手書國民黨中央候補執行委員名單

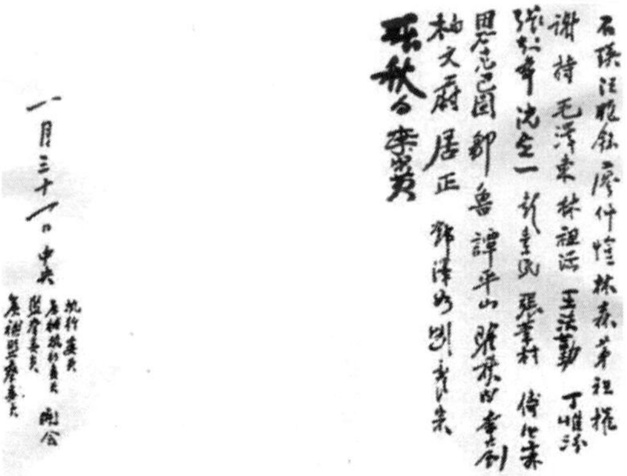

國民黨中央第一屆執、監委員第一次全會簽名

一九二四年一月在國民黨第一次代表大會上被選為候補中央執行委員。

這一個時期可以說是他政治生涯中最為嶄露頭角、陽光燦爛的時期。在個人私生活上也是極不平凡的一年，這一年他有過兩次婚姻。他的第一位妻子王劍虹，是他在上海大學做教授時的學生，在他工作最為緊張之時不幸病故；他的第二個妻子楊之華，是他黨內的同志，與他共同度過了以後的十年顛沛流離的生活，而且許多年後在史無前例的「文化大革命」浩劫中，由她代替承擔早已死於國民黨刑場上的丈夫臨刑前在獄中留下的遺墨《多餘的話》的政治責任，竟被「紅衛兵」活活整死（被關進秦城監獄，於一九七三年病亡）。

瞿秋白一生中最為風光的國共合作蜜月期只不過短短三年光景就很快結束了。一九二七年七月國共徹底決裂，陳獨秀作為共產國際在中國革命運動中的第一個替罪羊遭到清除；幾個月前在中共五大上已經鋒芒畢露的瞿秋白被共產國際選中，在「八七會議」上他不僅接替了陳獨秀在中共的領導位置，同時也接替了他未來做犧牲的資格。一九二八年六月、七月在莫斯科召開的中共六大上瞿秋白承擔了一九二七年武裝暴動失敗的責任，以「盲動主義」之罪名遭到猛烈批判，被調離中共領導崗位，留莫斯科擔任中共駐共產國際代表團團長。在他任駐蘇聯中共首席代表期間，蘇聯大清洗的苗頭已經出現，中共代表團尤其是作為首席代表是不可能置身於世外桃源的。在莫斯科的這兩年裡，他與王明集團交惡，尤其是深深的觸犯了兩年之後被共產國際派到中國去收拾黨內反對派的共產國際東方部副部長、王明集團的主子米夫。當時米夫任莫斯科中山大學（後改名中國勞動者共產主義大學）校長，在對待學潮問題上中共代表團多次與他發生衝突。一九二八年秋，中共代表團與共產國際監察委員會、聯共監察委員會聯合組成審查委員會，調查審理中國勞動大學（原莫斯科中山大學）學潮事件，糾正了王明集團製造的「江浙同鄉會」冤案；瞿秋白以中共代表團長名義向共產國際東方部部長庫西寧提出撤銷東方部副部長兼勞動大學校長米夫職務的建議。從此瞿秋白即成為米夫、王明集團重點打擊的對象。一九二九年秋瞿秋白的弟弟瞿景白就因為捲入莫斯科勞動大學反對米夫的學潮遭到暗害。一九三〇年六月，共產國際通過了《共產國際政治委員會因中國勞動大學派別鬥爭關於中共代表團行動問題決議案》，撤銷了瞿秋白中共代表的職務。如果此時他在政治上一直往下滑坡，對他也許是個極大的幸運，可是他自己並沒有料到，對於第三國際他還有一次極其重要的使用價值。正當要遣返他回國之際，他卻意外的接受了一項重任，奉命回國主持召開中共六屆三中全會，目的是制服當時掌握中共中央實權的李立三，制止其冒險主義鬥爭路線。根據共產國際的部署，瞿秋白在三中全會上組成了以他為首的中央政治局。可是當李立三就範之後僅僅三個月，而立三路線並未真正糾正，一九三一年一月七日共產國際代表米夫就在上海緊急召開中共六屆四中全會，宣佈

社會新聞

第壹卷 第拾陸期

□瞿秋白病死鄉間

共黨要人瞿秋白，浙江人，前北京俄文專修館畢業，曾往莫斯科，加入共黨，與彭述之蔡和森輩同爲共黨中央委員，八七會議後，曾一度爲中央總書記，兩湖秋收暴動總指揮，立三路線失敗後，瞿亦蒙兩面派之惡名，但仍不失爲共黨要人也。本年三四月間，因故被共黨排斥，開除其重要職務，乃於七月間避往松江青浦交界之鄉間，以翻譯自娛，但彼本患肺病，日益沉重，卒於上月(十月)下旬，病卒鄉間。【梅英】

一九三二年十一月十八日上海《社會新聞》第一卷第十六期「黨政秘聞」欄登載「瞿秋白病死鄉間」謠言

三中全會所執行的是比立三路線更陰險的反對共產國際的機會主義路線，而所謂瞿秋白的「盲動主義」以及對「立三路線」的「調和主義」是中國革命遭受失敗的禍根。就這樣瞿秋白被開除出了中共中央政治局，並且作為戴罪之人，隨時聽命中央的鞭撻批判。

瞿秋白與陳獨秀當年所犯「罪錯」的區別是：陳犯的是「右傾投降主義」錯誤，即在共產國際實行全力援助國民黨之時，由他承擔國共合作失敗的責任；而瞿犯的是「左傾機會主義」的錯誤，即在共產國際被迫轉向，指令中共武裝反抗已經壯大起來的國民黨政權之時，由他承當盲動主義的失敗責任。無論是「左」的還是「右」的機會主義都必然的為更「左」或更「右」的機會主義提供了取而代之的「理論」口實。為時僅僅一天的四中全會達到了其預期目的，就是將比李立三冒險主義路線更為冒險，比瞿秋白「盲動主義」更為「盲動」的，更加荒謬無理性的王明路線定為了真正的馬列主義路線。也正是這個王明集團所統治的中共中央加速了江西蘇區紅軍的大潰敗。

離開中共領導機關，在左翼文藝界朋友的幫助下，瞿秋白潛伏在上海賣文為生。儘管他自覺自己的政治生命已經結束，上海的媒體（如《社會新聞》）謠傳他已病死鄉間，但國民黨當局仍然將其視為赤匪首領懸賞二萬元通緝捉拿。國民黨的通緝並不足懼，使他痛苦不堪的是被逐出「教廷」的事實。他內心深處的這個痛苦，他在獄中最後的反省裡才開始坦然流露：「我第二次回國是一九三〇年八月中旬，到一九三一年一月七日我就離開了中央政治領導機關，這期間只有半年不到的時間。可是這半年對於我幾乎比五十年還長！人的精力已經像完全用盡了似的，我告了長假休息醫病——事實上從此脫離了政治舞臺。」「我自由不自由，同樣是不能夠繼續鬥爭的了。雖然我現在才快要結束我的生命，可是我早已結束了我的政治生活。嚴格的講，不論我自由不自由，你們早就有權利認為我也是叛徒的一種。」雖然他不能像在上海龍華警備司令部裡遭祕密槍殺的「二十幾名黨的重要幹部」那樣，並不畏懼被宣佈為叛徒、特務、反黨分子和反革命分子，堅持反對四中全會的立場，無視王明集團的嚴重制裁；但是他明白，在黨的決議上，他也已經被宣佈為「整個階級敵人在黨內的應聲蟲」（見《中央關於狄康（瞿秋白）同志的錯誤的決定》，一九三三・九・二二），實際上他早就被定性為反革命（「叛徒的一種」）了。他是帶著這一極度矛盾和絕望的心情向人世告別的：「永別了，親愛的朋友們！七八年來，我早已感覺到萬分的厭倦。這種疲乏的感覺，有時候，例如一九三〇年初或是一九三四年八九月間，簡直厲害到無可形容，無可忍受的地步。我當時覺著，不管全宇宙的毀滅不毀滅，不管革命還是反革命等等，我只要休息，休息，休息!!好了，現在已經有了『永久休息』的機會。」讀者如果明瞭他是戴著階級敵人的帽子而赴死的，就會明白他何以苦痛，何以心憂了。

他只能表達到這一地步，他只有把自己肉體的消滅作為思想解脫的唯一辦法了。這種苦痛消沉的思想情緒表達，近於以死抗爭，也可視為一種絕望的反抗吧。

雖然作者將他的這篇遺言題作「多餘的話」——對他本人來說，到生命即將結束之時才說出這些以前沒有說的話，似乎已經沒什麼意義了——但是他又意識到這是他結束生命以前向人們傾訴他內心的痛苦、鬱悶的唯一機會了；他願意「趁這餘剩的生命還沒有結束的時候，寫一點最後的最坦白的話」，留給未來的人們去做經驗總結，歷史功罪自有後人評說。由於他身陷囹圄的處境，更由於其思想的局限混沌，他只能以一種自責的方式，在無情的解剖自己思想靈魂的同時，極其曲折隱晦的向後人，向今後研究這一段中國歷史以及國際共運歷史的人們，提供一個思想的線索，留下一點個人的痕跡。儘管他極其頹唐，但並不是一個思想已經枯竭了的人，他在獄中還作了續寫《多餘的話》的計劃，已經擬就了提綱《未成稿目錄》。這篇「目錄」中的最後一篇題作《得其放心矣》（《汀州》），儘管作者在《多餘的話》中並沒有真正做到所謂「得其放心矣」，沒有能夠真正突破自己思想的禁區，更加直白的說出自己內心深處的話，但是就作者寫作此文的本意來說，它已經達到目的，起到了「多餘」的話應有的社會效應了，它將促使人們去重新評判作者以及他的這篇遺著，更促使人們審視反思這一段歷史。

二

《多餘的話》完稿後，瞿秋白曾將手稿交給特允到監獄裡去採訪他的《福建民報》記者李克長，請他攜帶出去公開發表。瞿秋白大概認為此稿多系譴責自己的政治自傳，文中並無抨擊國民黨政府之激烈言辭，而此刻他不過是一個具有一定新聞價值的死囚，通過審查是有可能的。可惜記者將手稿帶出之後不久就被「主管禁押人員催索取去，云將另抄一副本寄與記者」，李克長在他所編撰的《瞿秋白訪問記》裡提到此事，但以後便再無下文了。倒是有著國民黨中統特務機關背景的刊物《社會新聞》在瞿秋白被槍決後兩個月於一九三五年八月和九月的第十二卷第六、七、八期上選登了「歷史的誤會」、「文人」、「告別」三個章節。該刊文前所加的編者按語提供了有關《多餘的話》原稿的一點信息：「該書原文現保存於訊結瞿案之陸軍×師司令部，而各主管機關則存有抄本，因中間甚多述及匪軍內容及匪黨政策之處，在此殘匪未全殲滅之前，尚不宜完全披露。本刊今得存有該件某軍事機關之惠賜，摘錄該書可以發表部分，公諸讀者。」這條按語可關注的有三點：一，原稿當時尚保存在宋希濂的三十六師司令部；二，當時抄本有多份，分存於各主管機關；三，《多餘的話》在國民黨當局看來乃屬有礙思想教育的「民眾不宜」讀物，所以只能有選擇性的節錄刊發所謂「可以發表部分」。

以後坊間流傳的各種印本所根據的就是從國民黨政府各主管機關傳出去的抄本或轉錄本。

《多餘的話》第一次全文刊出已是瞿秋白死去兩年之後，此時已到了國共第二次合作時期，並且也仍然頗費了一些周折。抄錄者原是投稿到上海《宇宙風》雜誌，因該雜誌不敢採用，被文史半月刊《逸經》主編索去，於一九三七年三月至四月在該刊的第二十五、二十六、二十七三期上連載。這一抄本的來源，《逸經》主編簡又文後來在他的回憶錄《宦海沉浮二十年》中作了說明。《多餘的話》發表時署名：瞿秋白遺著，雪華錄寄。錄寄者本名楊幸之，原在國民黨軍中任軍職，是《逸經》的撰稿人。雖然錄寄者只能站在當局的立場對待作者這篇遺著，但他在《引言》中說：「可是如果我們讀了他的遺著《多餘的話》，我想，無論何人，特別是我們這輩『身經滄桑』的小資產階級型的所謂『文人』，當不能不催下同情之淚。」這對於一個曾經參加過圍剿紅軍的國民黨軍官來說，其思想已算是很開通的了。《逸經》雜誌不僅發表了瞿秋白的這篇遺文，之後還發表了趙庸夫的《關於瞿秋白之種種》，此文作者對瞿的理解雖然淺陋，但其文後所附錄的兩篇材料卻極有價值，一是國民黨三十六師軍法處審問瞿秋白的《審訊記》（只可惜這個審問記錄太簡略），一是瞿秋白赴刑場時記者所寫的現場通訊報導，題作《畢命前之一剎那》。《關於瞿秋白之種種》一文作者還說：「瞿秋白的最後著作《多餘的話》，《逸經》已為之全部發表，與我當時在汀州所抄錄者相比較，可以說是絲微的『錯訛』都沒有。」（見《逸經》第三十四期）

《逸經》雜誌後來還連載發表了《紅軍二萬五千里西引記》，可見此雜誌主編的開放性。當然這時已到了第二次國共合作時期，發表這一類文字至少不能視為通匪罪了。

關於《多餘的話》抄本對原稿是否有所篡改，這裡可以看看當年關押瞿秋白並收繳其獄中遺著的國民黨第三十六師師長宋希濂的意見：

「大約在一九三五年五月十幾號，瞿秋白被解送到卅六師，那時他已暴露了身分。過了幾天，他要紙筆說要寫東西，我們給了他。五月二十號後開始寫的，主要寫了《多餘的話》，寫完後，先交給參謀彭勵，後交給參謀長向賢矩，後又交給我。是用十行紙寫的，字很端正，蠅頭小楷，有幾千字，看過後總的印象是比較消沉，同時很傷感，當時就是這種印象。我讓彭勵把《多餘的話》油印了，印多少，不記得了，油印稿我沒看過。我們向上級報了兩份，一份給東路軍司令蔣鼎文，一份給國民黨軍事委員會。向上級報的是手抄本，以示恭敬。」

「有人提出《多餘的話》是不是瞿秋白寫的、有沒有篡改過的疑問，『文化大革命』中，我又讀了《多餘的話》，我的印象是沒有改過的，別人誰也寫不出來，他講的那些事，我們這些人都不知道，不懂得。實事求是地說，是沒有改過。」

（轉引自孫克悠：《瞿秋白平反工作紀實．〈多餘的話〉知情者如是說》，中國方正出版社二〇〇五年版；另見《瞿秋白研究》一九九三年第五期）

作為當事人，宋希濂以上兩段話，一是講述當年關押瞿秋白時他看到《多餘的話》原稿以及謄抄油印的情況；一是多年之後，在「文化大革命」中他重讀瞿秋白獄中遺文後的看法。可以說沒有人比他更具有資格鑑定這篇文稿的真偽了。他說得特別客觀的是：「別人誰也寫不出來，他講的那些事，我們這些人都不知道，不懂得。」

宋希濂說《多餘的話》是用毛筆寫在十行紙上的（陳炎冰回憶也說是寫在長汀紙行出產的十行紙上，寫詩則用宣紙）；另一個看過此文手跡的人李克長在《瞿秋白訪問記》裡說瞿當年在獄中交給他看的「系黑布面英文練習本，用鋼筆藍墨水書寫的，封面貼有白紙浮簽」，這與楊之華回憶裡說的瞿從上海去江西蘇區時帶去了五本「黑漆布面的本子」是對得上的。這兩個親眼目睹過《多餘的話》真跡的人也許其中一個記得更準確，但也不能排除作者曾寫有兩份稿，其中一份，比如宋希濂說的「蠅頭小楷」是謄清稿，黑布面英文練習本是草稿或抄寫的副本。

《多餘的話》目前比較完整的本子是一九九一年人民出版社出版的《瞿秋白文集》「政治理論編」第七卷裡所採用的中央檔案館館藏手抄本。這一抄本應該是當年羈押瞿秋白並執行槍決令的國民黨第三十六師師部向國民政府呈報犯人材料時所抄送的一個手抄副本。國民黨政權撤走後，在中央檔案館所接收的國民政府檔案裡沒有發現瞿秋白的這篇自述手稿——據宋希濂說原稿是按照瞿生前的要求當年已寄給武漢的某人了，但他已記不起是寄給誰了——現在國家出版社只能利用抄本發表這篇作品，想必手稿已經不存於世間了，至少在大陸發現的可能性是很渺茫了。

三

由於現在我們所看到的畢竟是抄本，各本之間不可避免會出現異文，抄錄和轉抄時都可能出現不同程度的抄誤及臆改的情況，而各種印刷文本中又或多或少的會出現新的編校差異，這樣就有必要對各本進行校勘，整理出一個更接近原著手稿的完善的版本。事實上《瞿秋白文集》所據館藏抄本可議之處不少，與《逸經》本相比在具體文句上就各有優長。例如「我和馬克思主義」一節中有一段話，《逸經》本是這樣的：「雖然因為職務的關係時常得讀些列寧他們的著作、論文演講，可是這不過求得對於俄國革命和國際形勢的常識，並沒有認真去研究。政治上一切種種主義，正是『治國平天下』的各種不同的脈案和藥方。」這一段是兩句話，說得非常清楚，但《文集》本則刪掉了「並沒有認真去研究」後的句號，寫成「並沒有認真去研究政治上一切種種主義，正是『治國平天下』的各種不同的脈案和藥方。」這樣整段話就不大讀得通了，並且改變了原意，原意是指沒有認真研究「列寧他們的著作、論文演講」，而不是說的「政治上一切種種主義」。此段話現在的這個整理本即根據《逸經》本訂正。又如此節中另一句：「我在當時所做的理論上的錯誤，共產黨怎樣糾正了我的錯誤，以及我的幼稚的理論之中包含著多麼混雜和小資產階級機會主義的成分。」其中「幼稚的理論」一語，中央檔案館抄本作「幼稚的理著」，這顯然是抄誤，《文集》本修訂作「幼稚的理『論』著」，即將「理著」訂正為「論著」。本書則依從《逸經》本，作「幼稚的理論」。從上文看，也是說的「理論上的錯誤」，並不是指「論著」上的問題。

再舉一個依從坊間版本的例子。作者在最後的「告別」中說：「雖然，我對醫學是完全外行，這話說得或許是很可笑的，A？」此句句尾的問語「A？」只見於坊間流傳的版本，《文集》本和《逸經》本裡均無；編者認為這種俏皮語不可能出於手民之誤或者衙役之流的潤筆，應是原稿文字，所以予以保留。作者在其他處也有類似的用法，「我和馬克思主義」一節末尾，為表示自己已不能再進行政治和社會學上的思考，特別用了一個英語詞「Stop」來強調。

為能整理出一個最接近原著的善本，現在編輯的這個校勘本，以《瞿秋白文集》刊本為底本，實際上也就是以中央檔案館館藏手抄本為底本，而以一九三七年《逸經》雜誌所刊本進行校勘，並參校坊間其他印本。凡校訂之處均作有校記，以便讀者鑒別。

畢竟這本書涉及的人和事都已經遠去，對於今天的讀者已經很陌生了，為了便於閱讀，編者在書中作了比較詳細的注解。書中所收資料圖片，想必也能為解讀作者及其文章提供幫助。

本書編為六部分：一是瞿秋白獄中遺稿；二是獄中談話錄；三是瞿秋白被俘檔案資料；四是瞿秋白在黨內所作檢查等文字；五是知情者的回憶；最後附錄了一篇《中共中央紀律檢查委員會關於瞿秋白同志被捕問題的複查報告》。

第一部分除《多餘的話》這篇遺作之外，作者在獄中的遺稿還有《記憶中的日期》、《未成稿目錄》、《致郭沫若信》以及獄中所作詩詞。

《記憶中的日期》是一份簡歷，當時未發表，現存抄本，已編入《瞿秋白文集》附於《多餘的話》之後。據李克長訪問記，這篇簡歷本來就是附於《多餘的話》稿本之後作為參閱的。現在分析也可能是作者為繼續寫回憶時作備忘之用的，因其時他還有續寫「多餘的話」的計劃。

《未成稿目錄》類似一個寫作計劃提綱，分成兩組文字，第一組為讀書箚記類散文；第二組是回憶散文，可視為《多餘的話》的續編，這個意思在與《福建民報》記者李克長的談話中已有所透露。這個寫作計劃編目，原來並沒有題目，是在處決令向他宣佈後才題作「未成稿目錄」的，他知道永遠只能存目了。這不僅是死者的遺憾，也是讀者、研究者的遺憾。

《致郭沫若信》是請在獄中給他看病的三十六師軍醫陳炎冰設法轉寄，此信後來輾轉送到海外發表。原信稿於四十年代終於轉達收信人。陳炎冰還保存了瞿秋白獄中書贈給他的幾首詩詞，以及題贈的囚犯半身照。

此書第二部分是瞿秋白獄中談話錄，有《福建民報》記者李克長編撰的《瞿秋白訪問記》，這個訪談錄當時在《國聞周報》上公開發表。此外還編入了國民黨中統局對瞿秋白進行勸降工作的問答記錄。

第三部分是瞿案檔案材料，包括國民黨軍俘獲瞿秋白時所發電報、審訊記錄、蔣介石下達的處決令以及宋希濂行刑電等文件資料。這裡應該說明一點，本書編入的這部分材料多取自幾本瞿秋白研究著作（如陳鐵健先生的《從書生到領袖——瞿秋白傳》、王觀泉先生的《一個人和一個時代——瞿秋白傳》、姚守中等編《瞿秋白年譜長編》等），這在引錄時都一一作了注明。

上述檔案性資料現在尚無法收錄齊全，有一些已知的重要材料，如瞿秋白被俘尚未暴露身分時向保安團寫的兩份要求保釋的呈文的完整文字，以及全部的審訊記錄、供詞等等原始材料，這些材料仍有待將來的挖掘或檔案解密。

第四部分收入的是瞿秋白在王明集團逼迫下所作檢查文字。他說：「我自己不願意有什麼和中央不同的政見，我總是立刻『放棄』這些錯誤的見解，其實我連想也沒有仔細想，不過覺得爭辯起來太麻煩了，既然無關緊要就算了吧。」（《多餘的話・盲動主義和立三路線》）「老實說，在四中全會之後，我早已成為十足的市儈——對於政治問題我竭力避免發表意見，中央怎樣說，我就依著怎樣說，認為我說錯了，我立刻承認錯誤，也沒有什麼心思去辨白，說我是機會主義就是機會主義好了；一切工作只要交代得過去就算了。我對於政治和黨的種種問題，真沒有興趣去注意和研究。」（《多餘的話・脆弱的二元人物》）這一組文章，正是他一生中最為苦悶時期留下的文字，他確實已感到萬念俱灰。這些文字為閱讀《多餘的話》提供了必要的政治背景材料。

第五部分回憶錄，編入的均系歷史見證人的撰述（附錄文除外），而最難得的一篇是當年與瞿秋白一同被俘的難友周月林歷盡一生坎坷之後的回憶：《我和瞿秋白、何叔衡一起突圍、被俘的前前後後》。作者是一個女紅軍高級幹部，在江西蘇區時她曾擔任蘇維埃共和國中央執行委員會委員並選為主席團成員（主席為毛澤東）、中共中央局婦女部長、蘇區政府國家醫院院長。她被俘後判了十年徒刑。第二次國共合作及抗戰全面爆發後她於一九三七年十月被丈夫家鄉親友（梁柏台一少年時代同學，當時在福建省國民黨部任職）保釋出獄。一同獲釋出獄的還有另一難友項英之妻張亮。周月林出獄後因與組織失去了聯繫從此脫離了政治。但不幸的是，在一九五五年肅反運動中她竟被懷疑為出賣瞿秋白的叛徒遭公安機關逮捕，而被懷疑的唯一根據竟是為什麼她被俘後沒有犧牲，像瞿秋白一樣被槍斃，還能活著出來。就這樣她被莫名其妙地關押十年之後，在缺失任何證據的情況下於一九六五年被判處十二年徒刑。「文革」黑暗時期結束之後，「瞿案」平反時她仍未能申冤，一九八〇年九月中共中央紀律檢查委員會專案組《關於瞿秋白同志被捕問題的複查報告》裡仍這樣寫道：「四月下旬，瞿秋白同志被解送長汀國民黨第三十六師，張亮、周月林則被解送龍岩國民黨第二綏靖區司令部。在解送途中張亮、周月林供出林琪祥就是瞿秋白。」事實是瞿秋白正因為身分已經暴露才特令單獨押解長汀第三十六師師部的，根本不存在也不需要張周二人的供認。所幸的是周月林生命力足夠頑強，由於其不斷提出申訴，北京市高級人民法院終於對這件政治錯案進行了複查審理，最終作出了撤銷原判的公正判決，宣佈原告無罪。這一結果不僅讓一位歷史的見證人在垂暮之年能重見天日，同時也終止了這一歷史事件被繼續任意歪曲戲說下去。

早在一九四五年四月在延安召開的中共六屆七中全會上通過的《關於若干歷史問題的決議》，對瞿秋白作的結論是：「六屆四中全會及其後的中央，……錯誤地打擊了以瞿秋白同志為首的所謂犯『調和路線錯誤』的同志，並在六屆四中全會後接著就錯誤地打擊了當時所謂『右派』中的絕大多數同志。」「所謂犯『調和路線錯誤』的瞿秋白同志，是當時黨內有威信的領導者之一，他在被打擊以後仍繼續做了許多有益的工作（主要是在文化方面），在一九三五年六月也英勇地犧牲在敵人的屠刀之下。所有這些同志的無產階級英雄氣概，乃是永遠值得我們紀念的。」那時尚未提出《多餘的話》這一問題。六十年代開始的「文化大革命」運動掀起了一股揪黨內走資派和叛徒的惡風，一九七二年中共中央第十二號文件更傳達了「最高指示」：「後來瞿秋白被國民黨捉住了，寫了《多餘的話》，自首叛變了。」於是《多餘的話》就成了《李自成自述》性質的變節書，瞿秋白這個早已作古的人也拉來做了活人的陪綁。

一九八〇年《中共中央紀律檢查委員會關於瞿秋白同志被捕問題的複查報告》對這個問題作出了新的結論：「目前流傳的這個《多餘的話》，即使是真的，文中一沒有出賣黨和同志；二沒有攻擊馬克思主義、共產主義；三沒有吹捧國民黨；四沒有向敵人求饒、乞求不死的任何內容。《多餘的話》裡，雖然也有些消沉的語言，但是，客觀地、全面地加以分析，決不能認為是叛變投降的自首書。」這是三十五年前對於瞿秋白的這篇遺著的官方正式評價。現在對於這篇作品的真偽學術界已經沒有爭議了，而對於它的文獻價值則愈加重視，已經不再只是從消極保守方面去認識文中所流露的消沉情緒，而是以尊重歷史事實的客觀態度去分析研究這篇含有複雜黨內鬥爭信息的作品。可以認為這篇懷有極大思想困惑和矛盾心理的散文作品才是瞿氏的傳世之作。

上世紀三十年代末或四十年代初丁玲在延安讀到《多餘的話》後非常肯定的說：「我讀著文章彷彿看見了秋白本人，我完全相信這篇文章是他自己寫的（自然不能完全排除敵人有篡改過的可能）。那些語言，那種心情，我是多麼地熟悉啊！……我讀著這篇文章非常難過，非常同情他，非常理解他，尊重他那時的坦蕩胸懷。」（《我所認識的瞿秋白同志——回憶與隨想》）丁玲是瞿秋白第一個妻子王劍虹的同學、摯友，也是瞿秋白為數不多的知交。她對瞿秋白的為人及為文是極其熟悉的，丁玲認為：瞿秋白是一個敢於挖掘自己靈魂的光明磊落者，比起那些專門文過飾非、只知為自己樹碑立傳、為自己的臉貼金的人要高尚得多。

瞿秋白臨刑前在贈陳炎冰獄中照相上題詞說：「『如果人有靈魂的話，何必要這個軀殼！但是，如果沒有的話，這個軀殼又有什麼用處？』……」原來，他就是在用《多餘的話》來安慰自己的靈魂，他寧願身敗名裂、舍掉性命也要留下這篇否定自己的反思錄。

周楠本　二〇一五年十月改訂於北京

一、獄中遺稿

多餘的話

（一九三五年五月十七—二十二日）[1]

目次[2]

「文人」告別

（代序）何必說？

「知我者
謂我心憂；
不知我者
謂我何求。」①

話既然是多餘的，又何必說呢？已經是走到了生命的盡期，餘剩的日子，不但不能按照年份來算，甚至不能按星期來算了[3]。就是有話，也可說可不說的了。

但是，不幸我捲入了「歷史的糾葛」——直到現在外間好些人還以為我是怎樣怎樣的。我不怕人家責備，歸罪，我倒怕人家「欽佩」。但願以後的青年不要學我的樣子，不要以為我以前寫的東西是代表什麼什麼主義的；所以我願意趁這餘剩的生命還沒有結束的時候，寫一點最後的最坦白的話。

而且，因為「歷史的誤會」，我十五年來勉強做著政治工作②——正因為勉強，所以也永久做不好，手裡做著這個，心裡想著那個。在當時是形格勢禁，沒有餘暇和可能說一說我自己的心思，而且時刻得扮演一定的角色。現在我已經完全被解除了武裝，被拉出了隊伍，只剩得我自己了。心上有不能自已的衝動和需要：說一說內心的話，徹底暴露內心的真相。布爾塞維克所討厭的小布爾喬亞智識者的「自我分析」[4]的脾氣，不能夠不發作了。

雖然我明知道這裡所寫的，未必能夠到得讀者手裡，也未必有出版的價值，但是，我還是寫一寫罷。人往往喜歡談天，有時候不管聽的人是誰，能夠亂談幾句，心上也就痛快了。何況我是在絕滅的前夜，這是我最後「談天」的機會呢？

瞿秋白

一九三五・五・一七　於汀州獄中[5]

編注：

①《詩經・王風・黍離》：「……知我者謂我心憂，不知我者謂我何求。悠悠蒼天，此何人哉。」

②從一九二一年在蘇聯參加共產黨起至一九三五年被國民黨軍隊俘虜入獄止這十五年的政治生涯。

校記：

1 《逸經》本篇名下無寫作日期，此日期當系《瞿秋白文集》編者所加（見《瞿秋白文集》政治理論編第七卷，人民出版社一九九一年版。以下簡稱《文集》本或手抄本）。

2 《逸經》本正文前列有「目次」，《文集》本無。

3 「剩餘的日子，不但不能按照年份來算，甚至不能按星期來算了。」此句《逸經》本漏掉「甚至不能按星期來算了。」一句。手抄本「剩餘的日子，」後無逗號，不斷句；「甚至」一詞脫「至」字。

4 「自我分析」一詞，《逸經》本無引號。

5 落款日期標點，《逸經》本年月日之間作逗號，手抄本作分隔號（•）；抄本落款文末無句號，此依《逸經》本。

「歷史的誤會」

我在母親自殺①家庭離散之後，孑然一身跑到北京[1]，本想能夠考進北大，研究中國文學，將來做個教員度過[2]這一世，甚麼「治國平天下」的大志都是沒有的，壞在「讀書種子」愛書本子，愛文藝，不能「安分守己的」專心於升官發財。到了北京之後，住在堂兄純白②家裡，北大的學膳費也希望他能夠幫助我——他卻沒有這種可能，叫我去考普通文官考試，又沒有考上，結果，是挑選一個既不要學費又有「出身」的外交部立俄文專修館③去進。這樣，我就開始學俄文了（一九一七夏），當時並不知道俄國已經革命④，也不知道俄國文學的偉大意義，不過當作將來謀一碗飯吃的本事罷了。

一九一八年開始看了許多新雜誌，思想上似乎有相當的進展，新的人生觀正在形成。可是，根據我的性格，所形成的與其說是革命思想，無寧說是厭世主義的理智化，所以最早我同鄭振鐸、瞿世英、耿濟之幾個朋友組織《新社會》雜誌的時候，⑤我是一個近於托爾斯泰派的無政府主義者，而且，根本上我不是一個「政治動物」。五四運動期間，只有極短期的政治活動，不久，因為已經能夠查著字典看俄國文學名著，我的注意力就大部分放在文藝方面了，對於政治上的各種主義，都不過略略「涉獵」求得一些現代常識，並沒有興趣去詳細研究。然而可以說，這時就開始「歷史的誤會」了：事情是這樣的——五四運動一開始，我就當了俄文專修館的總代表之一，當時的一些同學[3]裡，誰也不願意幹，結果，我得做這一學校的「政治領袖」，我得組織同學群眾去參加當時的政治運動。不久，李大釗、張崧年[6]他們發起馬克思主義研究會（或是「俄羅斯研究會」罷？）[7]，我也因為讀了俄文的倍倍爾[8]的《婦女與社會》的某幾段，對於社會——尤其是社會主義的最終理想發生了好奇心和研究的興趣，所以也加入了。這時候大概是一九一九年底一九二〇年初，學生運動正在轉變和分化，學生會的工作也沒有以前那麼熱烈了。我就多讀了一些書。

最後，有了機會到俄國去了——北京《晨報》要派通信記者到莫斯科去，[9]來找我。我想，看一看那「新國家」尤其是借此機會把俄國文學好好研究一下，的確是一件最愜意的事，於是就動身去（一九二〇年八月[10]）。

最初，的確吃了幾個月黑麵包，餓了好些時候，後來俄國國內戰爭停止，新經濟政策[11]實行，生活也就寬裕了些。我在這幾個月內，請了私人教授，研究俄文、俄國史、俄國文學史。同時，為著應付《晨報》的通信，也很用心看俄國共產黨的報紙、文件，調查一些革命事蹟，我當時對於共產主義只有同情和相當的瞭解，並沒有想到要加入共產黨，更沒有心思要自己來做中國共產黨的「創始人」，因為那時候，我誤會著加入了黨就不能專修文學——學文學彷彿[4]就是不革命的觀念，在當時已經通行了。

可是，在當時的莫斯科，除我以外，一個俄文翻譯都找不到。因此，東方大學⑫開辦中國班的時候（一九二一年秋），我就當了東大的翻譯和助教；因為職務的關係對馬克思主義的理論書籍不得不研究些，而文藝反而看得少了，不久（一九二二年底），陳獨秀代表中國共產黨到莫斯科（那時我已經是共產黨員，還是張太雷介紹我進黨的⑬），我就當他的翻譯⑭。獨秀回國的時候，他要我回來工作，我就同了他回到北京。于右任、鄧中夏等創辦「上海大學」⑮的時候，我正在上海，這是一九二三年夏天，他們請我當上大的教務長兼社會學系主任。那時，我在黨內只兼著一點宣傳工作，編輯《新青年》⑯。

上大初期，我還有餘暇研究一些文藝問題，到了國民黨改組，我來往上海廣州之間，當翻譯，參加一些國民黨工作⑰（例如上海的國民黨中央執行部的委員等），而一九二五年一月共產黨第四次全國代表大會，又選舉了我的中央委員，⑱這時候就簡直完全只能做政治工作了，我的肺病又不時發作，更沒有可能從事於我所愛好的文藝。雖然我當時對政治問題還有相當的興趣，可是有時也會懷念著文藝而「悵然若失」的。

武漢時代的前夜（一九二七年初），我正從重病之中脫險，將近病好的時候，陳獨秀、彭述之等的政治主張，逐漸暴露機會主義的實質，一般黨員對他們失掉信仰[5]。在中國共產黨第五次大會上（一九二七年四五月間[6]），獨秀雖然仍舊被選，但是對於黨的領導[7]已經不大行了。[19]武漢的國共分裂之後，獨秀就退出中央，[20]那時候沒有別人主持，就輪到我主持中央政治局。其實，我雖然在一九二六年年底及一九二七年年初就發表了一些議論反對彭述之，[21]隨後不得不反對陳獨秀，可是，我根本上不願意自己來代替他們——至少是獨秀。我確是一種調和派的見解，當時想望著[8]獨秀能夠糾正他的錯誤觀念不聽述之的理論。等到實逼處此，要我「取獨秀而代之」，我一開始就覺得非常之「不合式」，但是，又沒有什麼別的[9]辦法。[22]這樣我擔負了直接的政治領導有一年光景（一九二七年七月[10]到一九二八年五月）。這期間發生了南昌暴動，廣州暴動，以及最早的秋收暴動[11]。當時，我的領導在方式上同獨秀時代不同了，獨秀是事無大小都參加和主持的[12]，我卻因為對組織尤其是軍事非常不明瞭[13]也毫無興趣，所以只發表一般的政治主張，其餘調遣人員和實行的具體計劃等就完全聽組織部軍事部去辦，那時自己就感覺到[14]空談的無聊，但是，一轉念要退出領導地位，又感得好像是拆臺。這樣，勉強著自己度過了這一時期。

一九二八年六月間共產黨開第六次大會的時候，許多同志反對我，也有許多同志贊成我。我的進退成為黨的政治主張的聯帶問題。[23]所以，我雖然屢次想說：「你們饒了我吧，我實在沒有興趣和能力負擔這個領導工作了[15]。」但是，終於沒有說出口。當時形格勢禁，舊幹部中沒有別人，新幹部起來領導的形勢還沒有成熟，我只得仍舊擔著這個名義。[24]可是，事實上「六大」之後，中國共產黨的直接領導者是李立三和向忠發等等，因為他們在國內主持實際工作，而我只在莫斯科當代表當了兩年。[25]直到立三的政治路線走上了錯誤的道路，我回到上海開三中全會（一九三〇年九月底），[26]我更覺得自己的政治能力確實非常薄弱，竟辨別不出立三的錯誤程度。結果，中央不得不再招集會議——就是四中全會，來開除立三的中央委員，我的政治局委員，新幹部起來接替了政治上的最高領導。[27]我當時覺得鬆了一口氣，從一九二五年到一九三一年初，整整五年我居然當了中國共產黨領袖之一，最後三年甚至彷彿是最主要的領袖（不過並沒有像外間所傳說的「總書記」的名義）。

我自己忖度著，像我這樣性格、才能、學識，當中國共產黨的領袖確實是一個「歷史的誤會」。我本只是一個半吊子的「文人」而已，直到最後還是「文人結習[16]未除」的。對於政治，從一九二七年起就逐漸減少興趣，到最近一年——在瑞金的一年，[28]實在完全沒有興趣了。工作中是「但求無過」的態度，全國的政治形勢實在懶問得。一方面固然是身體衰弱精力短少而表現的十二分疲勞的狀態，別方面也是十幾年為著「顧全大局」勉強負擔一時的政治翻譯，政治工作，而一直拖延下來，實在違反我的興趣和性情的結果，這真是十幾年的一場誤會，一場噩夢。

我寫這些話，決不是要脫卸什麼責任——客觀上我對共產黨或是國民黨的「黨國」應當負什麼責任，我決不推托，也決不能用我主觀上的情緒來加以原諒或者減輕。我不過想把我的真情[17]，在死之前，說出來罷了。總之，我其實是一個很平凡的文人，竟虛負了某某黨的領袖的聲名十來年，這不是「歷史的誤會」，是什麼呢？

編注：

①本文附錄《記憶中的日期》：「一九一六二月　母親死」。作者母親金衡玉（一八七五—一九一六）因貧絕望於一九一六年二月七日（農曆正月初五）服毒自殺。

②純白　瞿純白（一八八九—一九六七），名常。京師大學堂法文專修班畢業。當時在北洋政府外交部任職。李克長在獄中採訪瞿秋白時，瞿說：「去年閱《申報》，見有我堂兄之名字，系由外交部派至某處接某某外國使節，現亦不知尚在該部否？」可知瞿純白後來繼續在國民政府外交部任職。

③俄文專修館　其前身為東省鐵路學堂，民國元年改為俄文專修館。此館為北洋政府外交部開辦的培養外交工作人員的學校。除俄文專修館外，還設有法文專修館等。《記憶中的日期》：「一九一七……九月　入俄文專修館」。

④指一九一七年推翻沙皇政權的俄國二月革命，由立憲民主黨及社會革命黨人組成臨時政府。這個政權後來被十月革命推翻。

⑤一九一九年十一月瞿秋白與鄭振鐸、耿濟之、瞿世英等創辦《新社會》雜誌。鄭振鐸（一八九八－一九五八），文學研究會成員。瞿世英（一九〇〇－一九七六），字菊農，文學研究會成員。耿濟之（一八九九－一九四七），當時與作者是俄文專修館同學。

⑥張崧年（一八九三－一九八六）字申府。中國共產黨早期活動家。一九二〇年曾與李大釗籌組北京共產主義小組，一九二一年在巴黎創建共產主義小組。一九二五年退黨。以後從事教育及學術工作。

⑦一九二〇年初李大釗等在北京大學發起「馬克斯學說研究會」，不久瞿秋白加入，為研究會成員。

⑧倍倍爾（August Bebel，一八四〇－一九一三）德國社會民主工黨創始人之一，及第二國際創始者之一。《婦女與社會主義》為其代表作。

⑨《晨報》　梁啟超進步黨之研究系機關報。該報於一九二〇年十一月二十八日－十二月十六日連續三天發表《〈上海時事新報〉〈北京晨報〉共同啟事》：「吾國報紙，向無特派專員在外，探取各國真情者，是以關於歐美新聞，殊多簡略之處。國人對於世界大勢，亦每因研究困難，愈趨隔閡淡漠，此誠我報一大缺點也。吾兩報有鑑於此，用特合籌經費，遴派專員，分赴歐美各國，擔任調查通訊事宜，冀稍盡吾儕之天職，以開新聞界之一新紀元焉。茲將已派定出發之各特派員姓名列左。……」瞿秋白即列於此次派出之特派員名單之中。

⑩據《餓鄉紀程》記載作者於一九二〇年十月十五日取得簽證護照，十六日啟程赴俄。

⑪新經濟政策　蘇聯於一九二一年至一九二六年間實行的經濟政策。這是對於十月革命後所實行的「戰時共產主義」政策進行的調整和改革，旨在穩定社會經濟秩序，適應商業市場，恢復工農業生產，發展國家資本主義。

⑫東方大學　全名為：東方勞動者共產主義大學。一九二一年建立，一九三八年停辦。這是蘇聯為培訓本國東方民族及鄰國以及亞洲國家的共產黨幹部而建立的學校。當時開有中國班。

⑬《記憶中的日期》：「一九二一……五月　張太雷抵莫介紹入共產黨　九月　任東大翻譯始正式入黨」。張太雷（一八九八－一九二七），江蘇常州人。與瞿秋白是常州附中學堂的同學。當時任共產國際遠東書記處中國支部書記。一九二七年領導廣州暴動時陣亡。

⑭一九二二年底陳獨秀率中共代表團赴俄參加共產國際第四次代表大會，瞿秋白為中共代表團成員，並擔任陳的翻譯。

⑮上海大學　這是一所由國民黨和共產黨人共同創建的學校，一九二二年十月由原上海私立東南高等專科師範學校改建成立。一九二七年四一二事變後學校被封閉。

于右任（一八七九－一九六四）　一九〇六年參加同盟會，國民黨元老。曾任南京臨時政府交通部次長，靖國軍總司令，國民黨第一屆中央委員。一九二二年上海大學創建時被舉為校長。

鄧中夏（一八九四－一九三三）　一九二〇年參加北京共產主義小組，中共早期工人運動領袖之一，曾任全國總工會秘書長。當時參加上海大學的創建，並擔任上海大學教務長。與瞿秋白同為上海大學的黨小組成員。

⑯《新青年》　指中共中央機關刊物《新青年》季刊，一九二三年六月出版創刊號，瞿秋白任主編。

⑰一九二四年一月二十日至三十日國民黨第一次全國代表大會在廣州召開，瞿秋白被選為候補中央執行委員。

⑱一九二五年一月十一日至二十二日在上海召開的中國共產黨第四次全國代表大會上瞿秋白當選為中央委員，並為中央局成員。

⑲中國共產黨第五次全國代表大會於一九二七年四月二十七日至五月九日在武漢召開。這次大會陳獨秀雖然繼續被選為中共中央總書記，但已經被共產國際取消了領導權，被指責為「右傾機會主義者」。

⑳一九二七年七月十二日由共產國際代表鮑羅廷主持召開中共中央臨時政治局緊急會議，改組了中共中央政治局，十三日發佈《中國共產黨中央委員會對政局宣言（一九二七年七月十三日）》，宣佈退出國民政府。七月十四、十五日汪精衛在武漢召開國民黨中央會議，通過了「統一本黨政策案」，正式宣佈「分共」，與共產黨決裂。同日陳獨秀致信中共中央提交辭職書。

㉑彭述之（一八九六—一九八三）　當時為中共中央委員、中央宣傳部主任。後來是中國托派組織成員。《記憶中的日期》：「一九二七年二月　寫批評彭述之的小冊子」。瞿秋白的這本小冊子是在共產國際代表授意下為「五大」精心準備的一篇長篇論著，即《中國革命中之爭論問題》，是批判第一次國共合作時期陳獨秀的鬥爭策略的。文章指名批評的是彭述之，實際是針對陳獨秀的，稱其關於中國革命的思想是「中國革命中之孟雪維克主義」，也即非布爾什維克主義的所謂「右傾機會主義」。《鄭超麟回憶錄》中說到陳獨秀對此事所持的態度：「當時瞿秋白出版了一本『反彭述之主義』的小冊子，彭述之在圖謀斥擊，他要拉陳獨秀一道反擊瞿秋白，陳獨秀不幹，說你是你，我是我。」（《鄭超麟回憶錄（下）》第九〇頁，東方出版社二〇〇四年版）

㉒《張國燾回憶錄》：「七月二十一日，瞿秋白從廬山回到武漢，立即提出了改組中共中央領導問題。……接著瞿秋白又表示他這幾天在廬山與鮑羅庭冷靜的研究，認為中國革命是失敗了，責任問題要有交待。中共一切，雖然事實上是遵照共產國際的指示進行，但不能讓共產國際擔負這個失敗的責任，因為莫斯科威信的喪失，將會影響世界革命，也會助長托洛斯基派攻擊史達林的氣焰，更會使中共黨員不信任共產國際的領導。為了使共產國際今後能夠領導世界革命，中共中央只有挺身出來負擔起這個責任，才是避重就輕的方法。

「瞿秋白更具體的表示，如果這一失敗責任要由中共中央政治局全體來負擔，中央的領導就會破產，損失也太大了。陳獨秀在這次失敗中，原有重大過失；現在又採取了不正確的消極態度，那我們不如把失敗的責任，推在他一人身上。而我們自己應站在擁護共產國際的立場上，反對陳獨秀的右傾機會主義。這樣才能穩定中共中央的領導。他還告訴我，鮑羅廷希望他和我能繼續領導中共中央，……」（《張國燾回憶錄》，東方出版社二〇〇四年版）

㉓ 中國共產黨第六次全國代表大會於一九二八年六月十八日至七月十一日在莫斯科舉行。在這次會議上，瞿秋白因負執行「左傾盲動主義」錯誤路線的責任受到與會代表的批評、攻擊。

㉔ 當時雖然由瞿秋白承擔「盲動冒險主義」造成的嚴重損失的責任，共產國際仍指定他主持「六大」會議，並代表第五屆中央委員會作政治報告，以及起草「六大」政治決議案。

㉕ 共產國際決定中共第六屆中央委員會由工人出身的領導人向忠發任中央委員會總書記，周恩來、項英等（後來增補李立三）為政治局常委；瞿秋白保留政治局委員，留莫斯科任中國共產黨駐共產國際代表團團長。

㉖ 受共產國際委派，瞿秋白與周恩來回國於一九三〇年九月二十四日至二十八日在上海主持召開中共六屆三中全會。此次會議是為糾正制止立三冒險路線，並撤除了李立三的領導權，由瞿秋白主持中央政治局工作。

㉗ 一九三一年一月七日共產國際代表米夫及所扶持的王明集團為奪取中央政治局領導權在上海以一天的時間匆匆召開中共六屆四中全會。此次會議徹底否定了三中全會，瞿秋白被指責犯有「調和主義」和「投降主義」錯誤，遭到「殘酷鬥爭和無情打擊」，被開除出中央政治局。作者在文中說「新幹部起來接替了政治上的最高領導」，所謂「新幹部」即指當時尚非中央委員的王明、博古等人。四中全會以後即開始了王明、博古集團統治時期，直至一九三五年一月紅軍長征撤退途中舉行遵義會議後為止。

㉘ 一九三三年底瞿秋白接中央命令調江西蘇區工作。《記憶中的日期》：「一九三四二月五日　抵瑞金任教育人民委員」，「一九三五二月十一日　離瑞金」。在瑞金整整一年時間。

校記：

1 北京 《逸經》本作「北大」。

2 度過 《文集》本作「度」。此從《逸經》本。

3 一些同學 《逸經》本作「同學」無「一些」二字。

4 彷彿 《文集》本作「仿佛」。「彷彿」今字仍存，這裡從《逸經》本。以下均同。

5 信仰 《逸經》本作「信義」。

6 四五月間 手抄本抄誤作：「四五間」，漏「月」字。這裡據《逸經》本訂正。

7 黨的領導 《逸經》本作「領導」，無「黨的」二字。

8 想望著 《逸經》本作「只想」。

9 沒有什麼別的 《逸經》本作「沒有別的」，無「什麼」二字。

10 七月 《逸經》本無「七月」二字。

11 廣州暴動，以及最早的秋收暴動 《逸經》本無此句。

12 都參加和主持的 《逸經》本無其中的「和」字。

13 明瞭 《文集》本簡化為「明了」。「了」「瞭」單字字義異同，此從《逸經》本，保留當時期刊發表時原字。

14 自己就感覺到 《逸經》本作「就感覺到」，無「自己」二字。

15 負擔這個領導工作了 此句《文集》本無後面的「了」字。此從《逸經》本。

16 文人結習 手抄本及《逸經》本均作「文人結習」。《文集》本修訂作「文人結[積]習」。

17 我的真情 《逸經》本作「真情」無「我的」二字。

脆弱的二元人物

一隻羸弱的馬拖著幾千斤的輜重車，走上了險峻的山坡，一步步的往上爬，要往後退是不可能，要再往前去是實在不能勝任了。我在負責政治領導的時期，就是這樣的一種感覺。欲罷不能的疲勞使我永久感覺一種無可形容的重壓[1]。精神上政治的倦怠，使我渴望「甜蜜[2]的」休息，以致於腦筋麻木停止一切種種思想。一九三一年一月的共產黨四中全會開除了我的政治局委員之後，我的精神狀態的確[3]是「心中空無所有」的情形，直到現在還是如此。

我不過剛滿[4]三十六歲（雖然照陰曆的習慣算我今年是三十八歲）①，但是自己覺得已經非常的衰憊，絲毫青年壯年的興趣都沒有了。不但一般的政治問題懶得去思索，就是一切娛樂甚至風景都是漠不相關的了。本來我從一九一九年就得了吐血病，一直沒有好好醫治的機會，肺結核的發展曾經在一九二六年走到最[5]危險的階段，那年幸而勉強醫好了，可是立即趕到武漢去，立即又是半年最忙碌緊張的工作。雖然現在肺癆的最危險期逃過了，而身體根本弄壞了，虛弱得簡直是一個廢人。從一九二〇年直到一九三一年初，整整十年——除卻躺在床上不能行動神志昏瞀的幾天以外——我的腦筋從沒有得到休息的日子。在負責時期，神經的緊張自然是很厲害的，往往十天八天連續的不安眠，為著寫一篇政治論文或者報告。這繼續十幾年的不休息，也許是我精神疲勞和十分厲害的神經衰弱的原因。然而究竟我離[6]衰老時期還很遠，這十幾年的辛勞，確實算起來，也不能說怎麼了不得，而我竟成了[7]頹喪殘廢的廢人。我是多麼脆弱、多麼不禁磨煉啊！

或者，這不僅是身體本來不強壯，所謂「先天不足」的原因罷。

我雖然到了十三四歲的時候就很貧苦了；可是我的家庭世代是所謂「衣租食稅」的紳士階級，世代讀書，也世代做官。我五六歲的時候，我的叔祖瞿睿[廷]韶②還在湖北布政（司）使[8]任上，他死的時候正署理了湖北巡撫。因此我家的田地房屋雖然在幾十年前就已經完全賣盡，而我小的時候，卻靠著叔祖伯父的官俸過了好幾年十足的少爺生活。紳士的體面「必須」繼續維持。我母親寧可自殺而求得我們兄弟繼續讀書的可能；而且我母親因為窮而自殺的時候，家裡往往沒有米煮飯的時候，我們還用著一個僕婦（積欠了她幾個月的工資到現在還沒有還清），我們從沒有親手洗過衣服，燒過一次飯。

直到那樣的時候，為著要穿長衫，在母親死後，還剩下四十多元的裁縫債，要用殘餘的木器去抵賬。我的紳士意識——就算是深深潛伏著表面不容易覺察罷——其實是始終沒脫掉的。

同時，我二十一二歲[9]，正當所謂人生觀形成的時期，理智方面是從托爾斯泰式的無政府主義很快就轉到了馬克思主義。人生觀或是主義，這是一種思想方法——所謂思路；既然走上了這條思路，卻不是輕易就能改換的。而馬克思主義是什麼？是無產階級的宇宙觀和人生觀。這同我潛伏的紳士意識，中國式的士大夫意識，以及後來蛻變出來的小資產階級或者市儈式的意識，完全處於敵對的地位[10]。沒落的中國紳士階級意識之中，有些這樣的成分：例如假惺惺的仁慈禮讓，避免鬥爭……以至寄生蟲式的隱士思想。完全破產的紳士往往變成城市的波希美亞——高等遊民，頹廢的，脆弱的，浪漫的，甚至狂妄的人物，說得實在些，是廢物。我想，這兩種意識在我內心裡不斷的鬥爭，也就侵蝕了我極大部分的精力。我得時時刻刻壓制自己的紳士和遊民式的情感，極勉強的用我所學到的馬克思主義的理智來創造新的情感，新的感覺方法。可是無產階級意識在我的內心是始終沒有得到真正的勝利的。

當我出席政治會議，我就會「就事論事」，拋開我自己的「感覺」專就我所知道的那一點理論去推翻一個問題，決定一種政策等等。但是我一直覺得這工作是「替別人做的」，我每次開會或者做文章的時候，都覺得很麻煩，總在急急於結束，好「回到自己那裡去」休息。我每每幻想著：我願意到隨便一個小市鎮上去當一個教員，並不是為著發展什麼教育，只不過求得一口飽飯罷了，在餘的時候，讀讀自己所愛讀的書，文藝、小說、詩詞、歌曲之類，這不是很逍遙的嗎？

這種二元化的人格，我自己早已發覺[11]——到去年更是完完全全瞭解了，已經不能夠絲毫自欺的了；但是「八七」會議③之後我沒有公開的說出來，四中全會之後也沒有說出來，在去年我還是決斷不下，一直延遲下來，隱忍著。甚至對之華（我的愛人）也只偶然露一點口風，往往還要加一番彌縫的話。沒有這樣的勇氣。

可是真相是始終要暴露的，「二元」之中總有「一元」要取得實際上的勝利。正因為我的政治上的疲勞、倦怠，內心的思想鬥爭不能再持續了，老實說，在四中全會之後，我早已成為十足的市儈——對於政治問題我竭力避免發表意見，中央怎樣說，我就依著怎樣說，認為我說錯了，我立刻承認錯誤，也沒有什麼心思去辨白，說我是機會主義就是機會主義好了；一切工作只要交代得過去就算了。④我對於政治和黨的種種問題，真沒有興趣去注意和研究。只因為久年的「文字因緣」，對於現代文學以及文學史上的各種有趣的問題，[12]有時候還有點興趣去思考一下，然而大半也是欣賞的份數居多，而研究分析的份數較少。而且體力的衰弱也不容許我多所思索了。

體力上的感覺是：每天只要用腦到兩三小時以上，就覺得十分疲勞，或者過分[13]的畸形的興奮——無所謂的興奮[14]，以至於不能睡覺，腦痛……冷汗。

唉，脆弱的人呵，所謂無產階級的革命隊伍需要這種東西幹嗎?!我想，假定我還保存這多餘的生命若干時候，我只有[15]拒絕用腦的一個方法，我只做些不用自出心裁的文字工作，「以度餘年」。但是，最好是趁早結束了罷。

編注：

①《記憶中的日期》：「一八九九年（一月二十九日——光緒二十四年十二月十八）生於常州」。

②瞿秋白叔祖瞿廷韶（一八三八—一九〇三），字賡甫。《文集》本作「瞿睿韶」，《逸經》本作「瞿賡韶」，均誤。瞿賡甫曾任湖北按察使、湖北布政使。後文說「他死的時候正署理了湖北巡撫」，系作者誤記。

③「八七」會議　一九二七年八月七日瞿秋白在武漢主持召開中央緊急會議，發表了由他和共產國際代表羅明那茲共同起草的《中共「八七」會議告全黨黨員書》。「八七」會議確定了武裝反抗國民黨政權的方針，組成了以瞿秋白為首的臨時中央政治局。

④這期間瞿秋白被逼迫作了多次檢查：《在中共六屆四中全會上的發言》（一九三一年一月）、《致共產國際執委和中共中央的信》（一九三一年一月十七日）、《聲明書》（一九三一年一月二十八日）；尤其是瞿秋白被開除出中央兩年之後，王明集團仍繼續對其施壓，迫其再次寫出檢討：《我對於錯誤的認識》（一九三三年九月二十七日）。

校記：

1 重壓　手抄本抄誤作「重厭」。此據《逸經》本訂正。

2 甜蜜　手抄本抄誤作：「甜密」。此據《逸經》本訂正。

3 的確　《逸經》本作「確」。

4 剛滿　《逸經》本無「剛」字。

5 最　《逸經》本作「非常」。

6 離　《文集》本作「離得」，此依《逸經》本。

7 竟成了　手抄本抄誤作「竟了」，漏「成」字。此據《逸經》本訂正。

8 布政（司）使　《逸經》本作「布政司」，《文集》本作「布政司使」。

9 二十一二歲　《逸經》本作「廿一二歲」。

10 完全處於敵對的地位。　《文集》本此句末標點作分號（；），此從《逸經》本。

11 發覺　手抄本抄誤作「發著」。此據《逸經》本訂正。

12《逸經》本以上刊落四段文字，從「完全破產的紳士往往變成城市的波希美亞——」一句起，直至以下第四段「對於現代文學以及文學史上的各種有趣的問題」一句止，共遺漏七百餘字。

13 過分　《逸經》本作「過份」。

14 ——無所謂的興奮　《逸經》本遺漏此句。

15 只有　《逸經》本作「另有」。

我和馬克思主義

當我開始我的社會生活的時候，正是中國的「新文化」運動的浪潮非常洶湧的時期。為著繼續深入的研究俄文和俄國文學[1]，我剛好又不能不到世界第一個「馬克思主義的國家」去。我那時的思想是很紊亂的：十六七歲時開始讀了些老莊之類的子書，隨後是宋儒語錄，隨後是佛經、《大乘起信論》——直到胡適之的《哲學史大綱》、梁漱溟[2]的《印度哲學》，還有當時出版的一些科學理論，文藝評論。[3]在到俄國之前，固然已經讀過倍倍爾的著作，《共產黨宣言》之類，極少幾本馬克思主義的書籍，然而對馬克思主義的認識是根本說不上的。

而且，我很小的時候，就不知怎樣有一個古怪的想頭：[4]為什麼每一個讀書人都要去「治國平天下」呢？各人找一種學問或是文藝研究一下不好嗎？所以我到俄國之後，雖然因為職務的關係時常得讀些列寧他們的著作、論文演講，可是這不過求得對於俄國革命和國際形勢的常識，並沒有認真去研究。政治上一切種種主義，[5]正是「治國平天下」的各種不同的脈案和藥方。我根本不想做「王者之師」，不想做「諸葛亮」——這些事自然有別人去幹——我也就不去深究了。不過，我對於社會主義或共產主義的終極理想，卻比較有興趣。

記得當時懂得了馬克思主義的共產社會同樣是無階級、無政府、無國家的最自由的社會，心上就很安慰了，因為這同我當初的無政府主義，和平博愛世界的幻想沒有衝突了。所不同的是手段，馬克思主義告訴我要達到這樣的最終目的，客觀上無論如何也逃不了最尖銳的階級鬥爭，以至無產階級專政——也就是無產階級統治國家的一個階段[6]。為著要消滅「國家」，一定要先組織一時期的新式國家；[7]為著要實現最澈底[8]的民權主義（也就是無所謂民權的社會），一定要先實行[9]無產階級的民權。這表面上「自相矛盾」而實際上很有道理的邏輯——馬克思主義所謂辯證法——使我很覺得有趣。我大致瞭解了這問題，就擱下了，專心去研究俄文，至少有大半年，我沒有功夫去管什麼主義不主義。

後來，莫斯科東方大學要我當翻譯，才沒有辦法又打起精神去看那一些書。誰知越到後來就越沒有功夫繼續研究文學，不久就喧賓奪主[10]了。

但是，我第一次在俄國不過兩年，真正用功研究馬克思主義的常識不過半年，這是隨著東大課程上的需要看一些書，明天要譯經濟學上的那一段，今天晚上先看過一道，作為預備，其他，唯物史觀哲學等等也是如此，這絕不是有系統的研究。至於第二次我到俄國（一九二八－一九三〇），那是當著共產黨的代表，[①]每天開會，解決問題，忙個不了，更沒有功夫做有系統的學術上的研究。

馬克思主義的[11]主要部分：唯物論的哲學，唯物史觀——階級鬥爭的理論，以及政治經濟學[12]，我都沒有系統的研究過。《資本論》——我就根本沒有讀過，尤其對於經濟學我沒有興趣。我的一點馬克思主義理論的常識，差不多都是從報章雜誌上的零星論文和列寧的幾本小冊子上得來的。

可是，在一九二三年的中國，研究馬克思主義以至一般社會科學的人，還少得很，因此，僅僅因此，我擔任了上海大學社會學系教授之後就逐漸的偷到所謂「馬克思主義的理論家」的虛名。其實，我對這些學問，的確只知道一點皮毛。當時我只是根據幾本外國文的書籍傳譯一下，編了一些講義。現在看起來，是十分幼稚，錯誤百出的東西。現在已經有許多新進的青年，許多比較有系統的研究了馬克思主義的學者——而且國際的馬克思主義的學術水平也提高了許多。

還有一個更重要的「誤會」就是用馬克思主義來研究中國的現代社會，部分是研究中國歷史的發端，也不得不由我來開始嘗試。五四以後的五年中間，記得只有陳獨秀、戴季陶、李漢俊幾個人寫過幾篇關乎這個問題的論文，可是都是無關重要的。我回國之後，因為已經在黨內工作，雖然只有一知半解的馬克思主義智識，卻不由我不開始這個嘗試：分析中國資本主義關係的發展程度，分析中國社會階級分化的性質，階級鬥爭的形勢，階級鬥爭和反帝國主義的民族解放運動的關係等等。

從一九二三年到一九二七年，我在這方面的工作，自然在全黨同志的督促，實際鬥爭的反映，以及國際的領導之下，逐漸有相當的進步。這決不是我一個人的工作，越到後來，我的參加是越少。單就我的「成績」而論，現在所有的馬克思主義者都可明顯的看見：我在當時所做的理論上的錯誤，共產黨怎樣糾正了我的錯誤，以及我的幼稚的理論[13]之中包含著怎樣混雜和小資產階級機會主義的成分。

這些機會主義的成分發展起來，就形成錯誤的政治路線，以致於中國共產黨中央委員會不能不開除我的政治局委員，的確，到一九三〇年，我雖然在國際參加了兩年的政治工作②，相當得到一些新的智識，受到一些政治上的鍛鍊，但是，不但不進步，自己覺得反而退步了。中國的階級鬥爭早已進到了更高的階段，對於中國的社會關係和政治形勢，需要更深刻更複雜的分析，更明瞭[14]的判斷，而我的那點智識絕對不夠，而且非無產階級的反布爾塞維克的意識就完全暴露了，當時，我逐漸覺得許多問題不但不想通，甚至不想動了。[15]新的領導者發揮某些問題的議論之後，③我會感覺到鬆快，覺得這樣解決原是最適當不過的，我當初為什麼簡直想不到；但是，也有時候會覺得不瞭解。

此後，我勉強自己去想一切「治國平天下」的大問題的必要，已經沒有了！我在十分疲勞和吐血症復發的期間，就不再去「獨立思索」了。一九三一年初就開始我政治上以及政治思想上的消極時期，直到現在。從那時候起，我沒有自己的政治思想。我以中央的思想為思想。[16]這並不是說我是一個很好的模範黨員，對於中央的理論政策都完全而深刻的瞭解。相反的，我正是一個最壞的黨員，早就值得開除的，因為我對中央的理論政策不加思索了。偶然我也有對中央政策懷疑的時候，但是，立刻就停止懷疑了，因為懷疑也是一種思索；我既然不思索了，自然也就不懷疑。

我的一知半解的馬克思主義智識，曾經在當時起過一些作用——好的壞的影響都是人所共知的事情，不用我自己來判斷——而到了現在，我已經在政治上死滅，不再是一個馬克思主義的宣傳者了。

同時要說我已經放棄了馬克思主義，也是不確的。如果要同我談起一切種種政治問題，我除開根據我那一點一知半解的馬克思主義方法來推論以外，卻又沒有什麼別的方法。事實上我這些推論又恐怕包含著許多機會主義，也就是反馬克思列寧主義的觀點在內，這是「亦未可知」的。因此我更不必枉然費力去思索：我的思路已經在青年時期走上了馬克思主義的初步，無從改變，同時，這思路卻同非馬克思主義的岐路交錯著，再自由任意的走去，不知會跑到什麼地方去。——而最主要的是我沒有氣力再跑了，我根本沒有精力再作政治的，社會科學的思索了。Stop。

編注：

①即擔任中國共產黨駐共產國際代表團團長。

②中共六大結束後，瞿秋白留在莫斯科參加共產國際第六次代表大會（一九二八・七・一七－九・一），並且當選為共產國際執行委員會委員；直至一九三〇年六月被蘇共中央和共產國際撤銷其共產國際代表職務。在共產國際執委任職兩年。

③指米夫、王明集團荒謬的極左理論以及排斥異己的宗派活動。

校記：

1 研究俄文和俄國文學　《文集》本作「研究俄國文學」。這裡從《逸經》本。

2 梁漱溟　手抄本抄誤作「梁瀨漠」。

3 《逸經》本此處刊落「——直到胡適之的《哲學史大綱》、梁漱溟的《印度哲學》，還有當時出版的一些科學理論，文藝評論。」一句。

4 一個古怪的想頭：　後面的冒號（：）《文集》本作句號。

5 並沒有認真去研究。政治上一切種種主義　《文集》本作「並沒有認真去研究政治上一切種種主義」。此處從《逸經》本。

6 階段　《逸經》本作「階級」。
7 此句末標點《文集》本為逗號，《逸經》作分號。
8 澈底　《文集》本作「徹底」，此依《逸經》本。
9 先實行　《逸經》本無「先」字。
10 喧賓奪主　「喧」字手抄本誤作「宣」。
11 馬克思主義的　《逸經》本作「馬克思主義上的」。
12 政治經濟學　《逸經》本作「經濟政治學」。
13 幼稚的理論　手抄本抄誤作「幼稚的理著」，《文集》本修訂作「幼稚的理[論]著」。這裡從《逸經》本。
14 明瞭　《文集》本作「明了」。此據《逸經》本，保留原用詞。
15 此句《文集》本作：「我逐漸覺得許多問題不但想不通，甚至想不動了。」
16 我以中央的思想為思想　《逸經》本刊落此句。

盲動主義和立三路線

當我不得不擔負中國共產黨的政治領導的時候，正是中國革命進到了最巨大的轉變和震盪的時代，這就是武漢時代結束之後。分析新的形勢，確定新的政策，在中國民族解放運動和階級鬥爭最複雜最劇烈的路線[1]匯合分化轉變的時期，這是一個非常艱難的任務。當時，許多同志和我，多多少少都做了政治上的錯誤，同時，更有許多以前的同志在這階級鬥爭更進一步的關口，自覺的或者不自覺的離開了革命隊伍，在最初，我們在黨的領導之下所決定的政策一般的是正確的。武漢分共之後，我們接著就決定賀葉①的南昌暴動和兩湖、廣東的秋收暴動②（一九二七），到十一月又決定廣州暴動。③這些暴動本身並不是[2]什麼盲動主義，因為都有相當的群眾基礎。固然，中國一般的革命形勢，從一九二七年三月底英、美[3]、日帝國主義者炮轟南京④威脅國民黨反共以後，就已經開始低落；[4]但是接著而來的武漢政府中的奮鬥、分裂……直到廣州暴動的舉出蘇維埃旗幟，都還是革命勢力方面正當的挽回局勢的嘗試，結果失敗[5]了——就是說沒有能夠把革命形勢重新轉變到高漲的陣容，必須另起爐灶。而我——這時期當然我應當負主要的責任——在一九二八年初，廣州暴動失敗以後，仍舊認為革命形勢一般存在，而且繼續高漲，這就是[6]盲動主義的路線了。

原本個別的盲動現象，我們和當時的中央從一九二七年十月起就表示反對的；對於有些黨部不努力去領導和爭取群眾，反而孤注一擲或者僅僅去暗殺豪紳之類的行動，我們總是加以糾正的。可是，因為當時整個路線錯誤，所以不管主觀上怎樣瞭解盲動主義現象的不好，費力於枝枝節節的糾正，客觀上卻在領導著盲動主義的發展。

中國共產黨第六次大會糾正了這個錯誤路線，使政策走上了正確的道路。自然，武漢時代之後，我們所得到的中國革命之中的最重要的教訓，例如革命有在一省或幾省首先勝利的可能和前途，反帝國主義革命最密切的和土地革命聯繫著等，都是「六大」所採納的。蘇維埃革命的方針就在「六大」更明確的規定下來。

但是以我個人而論，在那時候，我的觀點之中不僅有過分估量革命形勢的發展以致助長盲動主義的錯誤，對於中國農民階層的分析，認為富農還在革命戰線之內，認為不久的將來就可以在某些大城市取得暴動的勝利等觀念也已經潛伏著或者有所表示。不過，同志們都沒有發覺這些觀點的嚴重錯誤，還沒有指出來，我自己當然更不會知道這些是錯誤的。直到一九二九年秋天討論農民問題的時候，才開始暴露我在農民問題上的錯誤。⑤不幸得很，當時沒有更深刻的更無情的揭發[7]。……

此後，就來了立三路線的問題了。

一九二九年年底我還在莫斯科的時候，就聽說立三和忠發的政策有許多不妥當的地方。同時，莫斯科中國勞動大學（前稱孫中山大學）的學生中間發生非常劇烈的鬥爭，我向來沒有知人之明，只想彌縫緩和這些內鬥，覺得互相攻訐[8]批評的許多同志都是好的，聽他們所說的事情卻往往有些非常出奇，似乎都是故意誇大事實俸為「打倒」對方的理由[9]。因此我就站在調和的立場。這使得那裡的黨部認為我恰好是機會主義和異己分子的庇護者，結果撤銷了我的中國共產黨駐莫代表的職務準備回國。⑥自然，在回國的任務之中，最重要的是糾正立三的錯誤，消滅莫斯科中國同志之間的派別觀念對於國內同志的影響。⑦

但是，事實上我什麼也沒做到，立三的錯誤在那時——一九三〇年夏天——已經形成了自己的半托洛斯基的路線，派別觀念也使得黨內到處抑制莫斯科回國的新幹部。⑧而我回來之後召集的三中全會，以及中央一切處置，都只是零零碎碎的糾正了立三的一些顯而易見的錯誤，既沒有指出立三的錯誤路線，更沒有在組織上和一切計劃及實際工作上保障國際路線的執行。實際上我的確沒有認出立三路線和國際路線的根本不同。⑨

老實說，立三路線是我的許多錯誤觀念——有人說是瞿秋白主義——的邏輯的發展。立三的錯誤政策可以說是一種失敗主義，他表面上認為中國全國的革命勝利的局面已經到來，這會推動全世界革命的成功，⑩其實是覺的[10]自己沒有把握保持和發展蘇維埃革命在幾個縣區的勝利，覺的[11]革命前途不是立即向大城市發展而取得全國勝利以至全世界的勝利，就是迅速的敗亡，所以要孤注一擲的拼命，這是用左傾空談來掩蓋右傾機會主義的實質。因此在組織上，在實際工作上[12]，在土地革命的理論上，在工會運動的方針上，在青年運動和青年組織等等各種問題上……無往而不錯。⑪我在當時卻辨別不出來。事後我可以說，[13]假定「六大」之後，留在中國直接領導的不是立三而是我，那末，在實際上我也會走到這樣的錯誤路線，不過不致於像立三這樣魯莽，也可以說，不會有立三那樣的勇氣。我當然間接的負著立三路線的責任。

於是四中全會後，就決定了開除立三的中央委員，開除我的政治局的委員。我呢，像上面已經說過的，正感謝這一開除，使我卸除了千鈞擔[14]。我第二次回國是一九三〇年八月中旬，到一九三一年一月七日我就離開了中央政治領導機關，這期間只有半年不到的時間。可是這半年對於我幾乎比五十年還長！⑫人的精力已經像完全用盡了似的，我告了長假休養醫病——事實上從此脫離了政治舞臺。

再想回頭來幹一些別的事情，例如文藝的譯著等，已經覺得太遲了！從一九二〇年到一九三〇年[15]，整整十年我離開了「自己的家」——我所願意幹的俄國文學研究[16]——到這時候才回來[17]，不但田園荒蕪，而且自己的氣力也已經衰憊了。自然有可能還是可以幹一幹，「以度餘年」的。可惜接著就是大病，時發時止，耗費了三年光陰。⑬一九三四年一月，為著在上海養病的不可能，又跑到瑞金——到瑞金已是二月五日了——擔任了人民委員的清閒職務。可是，既然在蘇維埃中央政府擔負了一部的工作，雖然不必出席黨的中央會議，不必參與一切政策的最初討論和決定，然而要完全不問政治卻又辦不到了，我就在敷衍塞責，厭倦著政治卻又不得不略微問一問政治的狀態[18]中間，過了一年。

最後這四年中間，我似乎記得還做了幾次政治問題上的錯誤，但是現在我連內容都記不清楚了，大概總是我的老機會主義發作罷了。我自己不願意有什麼和中央不同的政見，我總是立刻「放棄」這些錯誤的見解，其實我連想也沒有仔細想，不過覺得爭辯起來[19]太麻煩了，既然無關緊要就算了吧。⑭

我的政治生命其實早已結束了。

最後這四年，還能說我繼續在為馬克思主義奮鬥，為蘇維埃革命奮鬥，為著黨的正確路線奮鬥嗎？例行公事辦了一些，說「奮鬥」是實太恭維了。以前幾年的盲動主義和立三路線的責任，卻[20]決不應當因此而減輕的，相反，在共產黨的觀點上來看，這個責任倒是更加加重了[21]，歷史的事實是抹殺[22]不了的，我願意受歷史的最公平[23]的裁判。

一九三五・五・二十。[24]

編注：

① 賀葉　指賀龍和葉挺。當時賀龍所率第二十軍和葉挺所率第十一軍第二十四師為南昌起義的主力部隊。

② 兩湖、廣東的秋收暴動　指一九二七年秋天毛澤東發動的湖南江西（湘贛邊境）農民暴動和彭湃發動的廣東海陸豐農民暴動。

③ 廣州暴動　中共廣東省委根據中央決定，於一九二七年十二月十一日淩晨在廣州發動暴動並宣佈成立廣州中華蘇維埃政府（廣州公社）。十三日暴動被鎮壓，廣東省委書記、起義總指揮張太雷戰死。

④ 一九二七年三月二十四日北伐軍程潛所率第六軍、第二軍攻克南京，英、美兩國以保護僑民為由，下令盤駐長江下關的英美軍艦炮擊南京城，並向武漢國民政府提出抗議，第六、第二軍被迫撤出南京。

⑤ 一九二九年八月瞿秋白在莫斯科撰寫了長篇論文《中國革命和農民運動的策略》，這篇論著對於城市暴動、農民運動中的過激思想進行了反思。

⑥ 一九二八年秋，中共代表團與共產國際監察委員會、聯共監察委員會聯合組成審查委員會，調查審理莫斯科中國共產主義勞動大學（原名中山大學）學潮事件，糾正了王明集團製造的「江浙同鄉

會」冤案；同時瞿秋白以中共代表團長名義向共產國際東方部部長庫西寧提出撤銷東方部副部長兼勞動大學校長米夫的職務的建議。從此瞿秋白即成為米夫、王明集團重點打擊的對象。一九三〇年六月，共產國際作出《共產國際政治委員會因中國勞動大學派別鬥爭關於中共代表團行動問題決議案》，撤銷了瞿秋白中共代表的職務。

⑦瞿秋白被撤銷中共駐共產國際代表職務後僅一個月，一九三〇年七月下旬共產國際重新啟用瞿秋白，委派他與周恩來回國執行「共產國際七月決議案」，主持召開中共六屆三中全會。會議的中心任務是：一、糾正李立三左傾冒險主義路線；二、平息黨內鬥爭，也即本文中所述「消滅莫斯科中國同志之間的派別觀念對於國內同志的影響」。三中全會客觀上為王明集團進入中央掃除了障礙，為米夫、王明集團密謀召開四中全會，竊取中共中央最高領導權鋪平了道路。

⑧在三中全會以前，共產國際遠東局無法駕馭李立三操縱的中共中央，對於黨內反對派（如惲代英、何孟雄等）的活動也無法制止，這使王明集團竊奪中央領導權的計劃受到阻礙。

⑨事實上立三路線是遵循布哈林的「第三時期」（即資本主義大崩潰時期）的理論，與共產國際六大會議的指導性文件《國際形勢和共產國際的任務（提綱）》的原則不相違背，與以後的王明路線也無「根本不同」。

⑩一九三〇年六月十一日李立三的中央政治局作出決議《新的革命高潮與一省或幾省的首先勝利》，稱：「中國革命有首先爆發、掀起全世界的大革命、全世界最後的階級決戰到來的可能」，「無疑的，在這一最後決戰的當中，可以取得我們的完全勝利」。（轉引自王觀泉《一個人和一個時代——瞿秋白傳》四百八十三頁，天津人民出版社一九九八年再版）

⑪李立三中央作出「中國革命有首先爆發，掀起全世界的大革命」這一可能的判斷之後，即刻將其瘋狂思想付諸實施，於一九三〇年八月一日正式決定將黨、團、工會三個組織合併為中央行動委員會，作為各省市暴動司令部（並策劃在武漢、南京等地發動起義），實際上這是把黨、團、工會各個組織都撤銷了。

⑫瞿秋白從一九三〇年八月二十六日抵上海，至一九三一年一月七日參加四中全會後離開中央機關時為止，在這不到半年的時間裡，他經歷了從共產國際的「欽差大臣」、三中全會上的中共最高領導人，到四中全會上迅速被王明集團加諸多種罪名逐出中央政治局，遭到無情批判這一個痛苦過程。

⑬瞿秋白撤職之後隱居上海，與茅盾、馮雪峰和魯迅等左翼作家交往，從事寫作和翻譯，從一九三一年初至一九三四年初，在這三年中瞿秋白著譯甚多。但在文中瞿秋白有意掩飾不涉及與左翼作家的聯繫。

⑭這幾年瞿秋白被逼迫不斷作檢討，在上文「脆弱的二元人物」一節中也表達了同樣的心情：「正因為我的政治上的疲勞、倦怠，內心的思想鬥爭不能再持續了，老實說，在四中全會之後，我早已成為十足的市儈——對於政治問題我竭力避免發表意見，中央怎樣說，我就依著怎樣說，認為我說錯了，我立刻承認錯誤，也沒有什麼心思去辨白，說我是機會主義就是機會主義好了；一切工作只要交代得過去就算了。我對於政治和黨的種種問題，真沒有興趣去注意和研究。」

校記：

1 路線　手抄本抄誤作「線」，漏抄「路」字。此據《逸經》本訂正。
2 並不是　手抄本及《逸經》本均誤作「無不是」。
3 美　手抄本抄誤作「義」。此據《逸經》本訂正。
4 已經開始低落；　此處標點（；）《文集》本為逗號，此從《逸經》本作分號。
5 結果失敗了　《逸經》本作「結果，是失敗了」。
6 這就是　手抄本漏抄「是」字。此據《逸經》本訂正。
7 揭發　《逸經》本作「發揚」。
8 攻訐　手抄本抄誤作「攻許」。此據《逸經》本訂正。

9 誇大事實倖為「打倒」對方的理由　《逸經》本此句誤作：「誇大事實行為；『打倒』對方的理由」。
10 覺的　《逸經》本無「覺的」二字。
11 覺的　《逸經》本作「覺得」。
12 在實際工作上　《逸經》本作「在實際上」，無「工作」二字。
13 我可以說，　《逸經》本作「我曾說：」。
14 千鈞擔　《逸經》本作「千鈞萬擔」。
15 從一九二〇年到一九三〇年　《文集》本作「從一九二〇到一九三〇」，此依《逸經》本補「年」字。
16 俄國文學研究　《逸經》作「俄國文學的研究」，多一「的」字。
17 才回來　《逸經》本作「方回來」。
18 狀態　手抄本抄誤作「狀態」。此據《逸經》本訂正。
19 覺得爭辯起來　手抄本抄誤作「覺的爭辯起」。這裡據《逸經》本訂正。
20 卻　《逸經》本作「都」。
21 更加加重了　《文集》本作「更加重了」。此從《逸經》本。
22 抹殺　《逸經》本作「抹煞」，手抄本作「抹殺」，《文集》本修訂為「抹殺[煞]」。「抹殺」「抹煞」二者通用，這裡從手抄本。
23 公平　《文集》本作「公開」，這裡從《逸經》本。
24 落款日期標點，《逸經》本年月日之間為逗號，《文集》本日期後無句號。

「文人」1

「一為文人便無足觀」，[2]這是清朝一個漢學家說的。的確所謂「文人」正是無所用之的人物[3]。這並不是現代意義的文學家、作家或是文藝評論家，這是吟風弄月的「名士」，或者是……說簡單些，讀書的高等遊民，他什麼都懂得一點，可是一點沒有真實的智識。正因為他對於當代學術水平以上的各種學問都有少許的常識，所以他自以為是學術界的人，可是，他對任何一種學問都沒有系統的研究，真正的心得，所以他對於學術是不會有什麼貢獻的，對於文藝也不會有什麼成就的。

自然，文人也有各種各樣不同的典型，但是大都實際上是高等遊民罷了。假使你是一個醫生，或是工程師，化學技師……真正的作家，你自己會感覺到每天生活的價值，你能夠創造或是修補一點什麼，只要你願意。就算你是一個真正的政治家罷，你可以做錯誤，但是也會改正[4]錯誤，你可以堅持你的錯誤，但是也會認真的為著自己的見解去鬥爭，實行。只有文人就沒有希望了，他往往連自己也不知道，究竟做的是什麼！[5]

「文人」是中國中世紀的殘餘和「遺產」——一份很壞的遺產。我相信，再過十年八年沒有這一種智識分子[6]了。

不幸，我自己不能夠否認自己正是「文人」之中的一種。

固然，中國的舊書，十三經、二十四史[7]、子書、筆記、叢書、詩詞曲等，我都看過一些，但是我是抓到[8]就看，忽然想起就看，沒有什麼研究的。一些科學論文，馬克思主義的和非馬克思主義的，我也看過一些，雖然很少。所以這些新新舊舊的書對於我，與其說是智識的來源，不如說是消閒的工具。究竟在那一種學問上，我有點真實的智識？我自己是回答不出的。

可笑得很，我做過所謂「殺人放火」的共產黨的領袖（？），可是，我卻是一個最懦怯的「婆婆媽媽的」書生[9]，殺一隻老鼠都不會的，不敢的。

但是，真正的懦怯不在這裡。首先是差不多完全沒有自信力，每一個見解都是動搖的，站不穩的，總希望有一個依靠。[10]記得布哈林①初次和我談話的時候，說過這麼一句俏皮話：「你怎麼同三層樓上的小姐一樣[11]，總那麼客氣，說起話來，不是『或是』，就是『也許』、『也難說』……等。」其實，這倒是真心話。可惜的是人家往往把我的坦白當作「客氣」或者「狡猾」。

我向來沒有為著自己的見解而奮鬥的勇氣，同時，也很久沒有承認自己錯誤的勇氣。當一種意見發表之後，看看沒有有力的贊助，立刻就會懷疑起來，但是，如果沒有一個另外的意見來代替，那就只會照著這個連自己也懷疑的意見做去。看見一種不大好的現象，或是不正確的見解，卻還沒有人出來指摘，甚至其勢洶洶[12]的大家認為這是很好的事情，我也始終沒有勇氣說出自己的懷疑來。優柔寡斷，隨波逐流，是這種「文人」必然的性格。

雖然人家看見我參加過幾次大的辯論，有時候彷彿[13]很激烈[14]，其實我是最怕[15]爭論的。我向來覺得對方說的話「也對」，「也有幾分理由」，「站在對方的觀點上他當然是對的」。我似乎很懂得孔夫子忠恕之道。所以我畢竟做了「調和派」的領袖。假使我激烈[16]的辯論，那麼[17]，不是認為「既然站在布爾塞維克的隊伍裡就不應當調和」，因此勉強著自己，就是沒有拋開「體面」立刻承認錯誤的勇氣，或者是對方的話太幼稚了，使我「箭在弦上不得不發」。

其實最理想的世界是大家不要爭論，「和和氣氣的過日子」。

我有許多標本的「弱者的道德」——忍耐，躲避，講和氣，希望大家安靜些仁慈些等等。固然從少年[18]時候起，我就憎惡貪污、卑鄙……以至一切惡濁的社會現象，但是我從來沒有想做俠客。我只願意自己不做那些罪惡，有可能呢，去勸勸他們不要再那樣做；沒有可能呢，讓他們去罷，他們也有他們的不得已的苦衷罷？[19]

我的根本性格，我想，不但不足以鍛鍊成布爾塞維克的戰士，甚至不配做一個起碼的革命者。僅僅為著「體面」，所以既然捲進了這個隊伍，也就沒有勇氣自己認識自己，而請他們把我洗刷出去。

但是我想，如果叫我做一個「戲子」——舞臺上的演員，倒很會有些成績，因為十幾年我一直覺得自己一直在扮演一定的角色。扮著[20]大學教授，扮著政治家，也會真正忘記自己而完全成為「劇中人」。雖然[21]這對於我很苦，得每天盼望著散會，盼望同我談政治的朋友走開，讓我卸下戲裝，還我本來面目——躺在床上去極疲乏的念著[22]「回『家』去罷，回『家』去罷」，這的確是很苦的。[23]然而在舞臺上的時候，大致總還扮得不差，像煞有介事[24]的。

為甚麼？因為青年精力比較旺盛的時候，一點遊戲和做事的興會總有的。即使不是你自己的事，當你把它做好的時候，你也感覺到一時的愉快。譬如你有點小聰明，你會擺好幾幅「七巧版[板][25]圖」或者「益智圖」，你當時一定覺得痛快，正像在中學校的時候，你算出了幾個代數難題似的，雖則你並不預備做數學家。

不過扮演舞臺上的角色究竟不是「自己的生活」，精力消耗在這裡[26]甚至完全用盡，始終是後悔也來不及的事情。等到精力衰憊的時候，對於政治舞臺，實在是十分厭倦了。

龐雜而無秩序的一些書本上的智識和累墜[27]而反乎自己興趣的政治生活，使我麻木起來，感覺生活的乏味。

本來，書生對於宇宙間的一切現象，都不會有親切的瞭解，往往會把自己變成一大堆抽象名詞的化身。一切都有一個「名詞」，但是沒有實感。譬如說，勞動者的生活，剝削，鬥爭精神，土地革命，政權等……一直到春花秋月，崦嵫，委蛇，一切種種名詞，概念，詞藻，說是會說的，等到追問你究竟是怎麼一回事，就會[28]感覺到模糊起來。

對於實際生活，總像霧裡看花似的，隔著一層膜。

文人[29]和書生大致沒有任何一種具體的智識。他樣樣都懂得一點，其實樣樣都是外行。要他開口議論一些「國家大事」，在不太複雜和具體的時候，他也許會。但是，叫他修理一輛汽車，或者配一劑藥方，辦一個合作社，買一批貨物，或是清理一本賬目，再不然，叫他辦好一個學校……總之，無論那一件具體而切實的事情，他都會覺得沒有把握的。

例如，最近一年來，叫我辦蘇維埃的教育。固然，在瑞金、寧都、興國這一帶的所謂「中央蘇區」，原本[30]是文化非常落後的地方，譬如一張白紙，在剛剛著手辦教育的時候，只是創辦義務小學校，開辦幾個師範學校，這些都做了。但是，自己仔細想一想，對於這些小學校和師範學校，[31]小學教育和兒童教育的特殊問題，尤其是國內戰爭中工農群眾教育的特殊問題，都實在沒有相當的智識，甚至普通常識都不夠！

近年來感覺到這一切種種，很願意「回過去再生活一遍」。霧裡看花的隔膜的感覺，使人覺得異常的苦悶、寂寞和孤獨，很想仔細的親切的嘗試一下實際生活的味道。譬如「中央蘇區」的土地革命已經有三四年，農民的私人日常生活究竟有了怎樣的具體變化，他們究竟是怎樣的感覺？[32]我曾經去考察過一兩次。一開口就沒有「共同的言語」，而且自己也懶惰得很，所以終於一無所得。

可是，自然而然的，我學著比較精細的考察人物，領會一切「現象」。我近年來重新來讀一些中國和西歐的文學名著，覺得有些新的印象。你從這些著作中間，可以相當親切的瞭解人生和社會，瞭解各種不同的個性，而不是籠統的「好人」、「壞人」，或是「官僚」、「平民」、「工人」、「富農」等等。擺在你面前的是有血有肉有個性的人，雖則這些人都在一定的生產關係、一定的階級之中。

我想，這也許是從「文人」進到真正瞭解文藝的初步了。

是不是太遲了呢？太遲了！

徒然抱著對文藝的愛好和懷念，起先是自己的頭腦，和身體被「外物」所佔領了，後來是非常的疲乏籠罩了我三四年，始終沒有在文藝方面認真的用力。書是亂七八糟看了一些；我相信[34]，也許走進了現代文藝水平線以上的境界，不致於辨別不出趣味的高低。我曾經發表的一些文藝方面的意見，都駁雜得很，也是一知半解的。

時候過得很快。一切都荒疏了。眼高手低是這必然的結果[35]。自己寫的東西——類似於文藝的東西是不能使自己滿意的，我至多不過是一個[36]「讀者」。

講到我僅有的一點具體智識，那就只有俄國文罷。假使能夠仔細而鄭重的，極忠實的翻譯幾部俄國文學名著，在漢文方面每字每句的斟酌著也許不會「誤人子弟」的。

這一個最愉快的夢想，也比在創作和評論方面再來開始求得什麼成就，要實際得多。可惜，恐怕現在這個可能已經「過時」了！37

編注：

①布哈林（一八八八—一九三八）　瞿秋白擔任中共駐共產國際代表團長職務期間，布哈林曾是共產國際執行委員會主席，蘇共中央政治局委員。一九二九年布哈林被撤銷共產國際職務，開除出中央政治局；一九三七年一月被捕並被開除黨籍；一九三八年三月以「叛國罪」遭處決。五十年後，於一九八八年平反。

校記：

1 本章節及下一章節「告別」，《文集》本各自然段落之間均空行，《逸經》本無空行。
2 「一為文人便無足觀」，《逸經》本作：「『一為文人，便無足觀』，——」。
3 無所用之的人物　《逸經》本作「無用的人物」。
4 改正　《逸經》本作「糾正」。
5 此句末的感嘆號（！），《逸經》本作問號（？）。
6 智識分子　手抄本抄誤作「智識子」，漏「分」字。此據《逸經》本訂正。
7 二十四史　《逸經》本作「廿四史」。
8 抓到　《逸經》本作「找到」。
9 「婆婆媽媽的」書生　《文集》作「『婆婆媽媽的』」，無「書生」二字。此從《逸經》本。

10 每一個見解都是動搖的，站不穩的，總希望有一個依靠。　此句的標點，《文集》本「站不穩的」之後為句號，句末則作逗號。這裡據《逸經》本標點。

11 三層樓上的小姐一樣　手抄本作「三層樓的小姐」。《文集》本校訂作「三層樓的小姐[一樣]」。這裡據《逸經》本校訂。

12 其勢洶洶　手抄本作「其勢凶凶」。此處從《逸經》本。

13 彷彿　《文集》本作「仿佛」。「彷彿」與「仿佛」通用，這裡據《逸經》刊本。

14 激烈　手抄本作「急烈」。這裡從《逸經》本。

15 最怕　《逸經》本作「很怕」。

16 激烈　同校記14。

17 那麼　《逸經》本作「那末」。

18 少年　手抄本漏「少」字。此據《逸經》本訂正。

19 此處句末的問號（？），《逸經》本作感嘆號（！）。

20 扮著　手抄本誤作「扮覺」。這裡據《逸經》本訂正。

21 「雖然」後《逸經》本有逗號（，）。

22 躺在床上去極疲乏的念著　《逸經》本作：「躺在床上去，極疲乏的念著：」。

23 此句末《逸經》本為破折號（——）。

24 煞有介事　《逸經》本作「煞有價事」。

25 七巧版[板]圖　手抄本及《逸經》本均作「七巧版圖」。

26 消耗在這裡　手抄本抄誤：「消耗有這裡」。此據《逸經》本訂正。

27 累墜　手抄本作「累墜」，《逸經》本作「累贅」，《文集》本校訂為「累墜[贅]」。「累墜」與「累贅」可通用，這裡從手抄本。

28 就會 《逸經》本作「那就會」。
29 文人 此二字《逸經》本加引號作：「『文人』」。
30 原本 《逸經》本作「原來」。
31 這些都做了。但是，自己仔細想一想，對於這些小學校和師範學校，這一句《逸經》本刊落。
32 此句句末標點《逸經》本為疑問號，《文集》本作句號，此從《逸經》本。
33 亂七八糟看 手抄本抄誤作：「亂七八糟著」。此據《逸經》本訂正。
34 我相信 《文集》本無「我相信」三字。此從《逸經》本。
35 這必然的結果 《逸經》本無「這」字。
36 是一個 《逸經》本作「是個」。
37 此句句末標點《文集》本為句號，這裡從《逸經》本為感嘆號（！）。

告別

一齣滑稽劇就此閉幕了！

我家鄉有句俗話，叫做「捉住了老鴉在樹上做窠」。這窠是始終做不成的。一個平凡甚至無聊的「文人」，卻要他擔負幾年的「政治領袖」的職務。這雖然可笑，卻是事實。這期間，一切好事都不是由於他的功勞——實在是由於當時幾位負責同志的實際工作，他的空談不過是表面的點綴，甚至早就埋伏了後來的禍害。這歷史的功罪，現在到了最終結算的時候了。

你們去算賬罷，你們在鬥爭中勇猛精進著，我可以羨慕你們，祝賀你們，但是已經不能夠跟隨你們了。我不覺得可惜，同樣我也不覺得後悔，雖然我枉費一生心力在我所不感興味的政治上。過去的是已經過去了，懊悔徒然增加現在的煩惱。應當清洗出隊伍的，終究應當清洗出去，而且愈快愈好[1]，更用不著可惜。

我已經退出了無產階級的革命先鋒的隊伍，已經停止了政治鬥爭，放下了武器，假使你們——共產黨的同志們——能夠早些聽到我這裡寫的一切，那我想早就應當開除我的黨籍。像我這樣脆弱的人物，敷衍、消極、怠惰的分子，尤其重要的是空洞的承認自己錯誤而根本不能夠轉變自己的階級意識和情緒，①而且，因為「歷史的偶然」，這並不是一個普通黨員，而是曾經當過政治局委員的——這樣的人，如何還不要開除呢！[2]

現在，我已經是國民黨的俘虜，再來說起這些似乎多餘的了。但是，其實不是一樣嗎？我自由不自由，同樣是不能夠繼續鬥爭的了。雖然我現在才快要結束我的生命，可是我早已結束了我的政治生活。嚴格的講，不論我自由不自由，你們早就有權利認為我也是叛徒的一種。②如果不幸而我沒有機會告訴你們我的最坦白最真實的態度而驟然死了，那你們也許還把我當做一個[3]共產主義的烈士。③記得一九三二年訛傳我死的時候，有地方[4]替我開了追悼會，當然還念起我的「好處」，我到蘇區聽到這個消息，真叫我不寒而慄，以叛徒而冒充烈士，實在太那麼個了。因此，雖然我現在已經囚在監獄裡，雖然我現在很容易裝腔做勢慷慨激昂而死，可是我不敢這樣做。歷史是不能夠，也不應當欺騙的。我騙著我一個人的身後虛名[5]不要緊，叫革命同志誤認叛徒為烈士卻是大大不應該的。所以雖然[6]反正是一死，同樣是結束我的生命，而我決不願意[7]冒充烈士而死。④

永別了，親愛的同志們！——這是我最後叫你們「同志」的一次。我是不配再叫你們「同志」的了，告訴你們：我實質上離開了你們的隊伍很久[8]了。

唉！歷史的誤會叫我這「文人」勉強在革命的政治舞臺上混了好些年。我的脫離隊伍，不簡單的因為我要結束我的生命，結束這一齣滑稽劇[9]，也不簡單的因為我的痼疾和衰憊，而是因為我始終不能夠克服自己的紳士意識，我終究不能成為無產階級的戰士。

永別了，親愛的朋友們！七八年來，我早已感覺到萬分的厭倦。這種疲乏的感覺，有時候，例如一九三〇年初或是一九三四年八九月間，簡直厲害到無可形容，無可忍受的地步。我當時覺著，不管全宇宙的毀滅不毀滅，不管革命還是反革命等等[10]，我只要休息，休息，休息!!好了，現在已經有了「永久休息」的機會。

我留下這幾頁給你們——我的最後的最坦白的老實話。永別了！判斷一切的，當然是你們，而不是我。我只要休息。⑤

一生沒有什麼朋友，親愛的人是很少的幾個。而且除開我的之華⑥以外，我對你們也始終不是完全坦白的。就是對於之華，我也只露一點口風。我始終帶著假面具。我早已說過：揭穿假面具是最痛快的事情，不但對於動手去揭穿別人的痛快，就是對於被揭穿的也很痛快，尤其是自己能夠揭穿。現在我丟掉了最後一層假面具[11]。你們應當祝賀我。我去休息了，永久去[12]休息了，你們更應當[13]祝賀我。

我時常說：感覺到十年二十年沒有睡覺似的疲勞，現在可以得到永久的「偉大的」可愛的睡眠了。

從我的一生，也許可以得到一個教訓：要磨練自己，要有非常巨大的毅力，去克服一切種種「異己的」意識以至最微細的「異己的」情感，然後才能從「異己的」階級裡完全跳出來，而在無產階級的革命隊伍[14]裡站穩自己的腳步。否則，不免是「捉住了老鴉在樹上做窠」，不免是一齣滑稽劇。

我這滑稽劇是要閉幕了。

我留戀什麼？我最親愛的人，我曾經依傍著她度過了這十年的生命。是的，我不能沒有依傍。不但在政治生活裏[15]，我其實從沒有做過一切鬥爭的先鋒，每次總要先找著某種依傍。不但如此，就是在私生活裏，我也沒有「生存競爭」的勇氣，我不會組織自己的生活，我不會做極簡單極平常的瑣事。我一直是依傍著我的親人，我唯一的親人。我如何不留念？我只覺得十分的[16]難受，因為我許多次對不起我這個親人，尤其是我的精神上的懦怯，使我對於她也終究沒有徹底[17]的坦白，但願她從此厭惡我，忘記我，使我心安罷。

我還留戀什麼？這美麗世界的欣欣向榮的兒童，「我的」女兒，以及一切幸福的孩子們。我替他們祝福。

這世界對於我仍然是非常美麗。一切新的，鬥爭的，勇敢的都在前進。那麼好的花朵，果子，那麼清秀的山和水，那麼雄偉的工廠和煙囪，月亮的光似乎也比從前更光明了。

但是，永別了，美麗的世界！

一生的精力已經用盡，剩下的一個軀殼。[18]

如果我還有可能支配我的軀殼，我願意把它交給醫學校的解剖室[19]。聽說中國的醫學校和醫院的實習室很缺乏這種科學實驗用具。而且我是多年的肺結核者（從一九一九年到現在），時好時壞，也曾經照過[20]幾次X光的照片，一九三一年春[21]的那一次，我看見我的肺部有許多瘢痕，可是醫生也說不出精確的判斷。假定先照過一張，然後把這軀殼解剖開來，對著照片研究肺部的狀態那一定可以發見一些什麼。這對於肺結核的診斷也許有些幫助。雖然，我對醫學是完全外行，這話說得或許是很可笑的，A？[22]

總之，滑稽劇始終是閉幕了。舞臺上空空洞洞的。有什麼留戀也是枉然的了。好在得到的是「偉大的」休息。至於軀殼，也許不由[23]我自己作主了。

告別了，這世界的一切。

最後……

俄國高爾基的《四十年》《克里摩．薩摩京的生活》[7]，屠格涅夫的《魯定》[8]，托爾斯泰的《安娜・卡里寧娜》[9]，中國魯迅的《阿Q正傳》，茅盾的《動搖》，曹雪芹的《紅樓夢》，都很可以再讀一讀。

中國的豆腐也是很好吃的東西，世界第一。

永別了！

一九三五・五・二二。[24]

編注：

① 作者在文中反復流露出自己對於這種空洞的檢查的一種無奈情緒，在上文「盲動主義和立三路線」一節中寫道：「最後這四年中間，我似乎記得還做了幾次政治問題上的錯誤。但是現在我連內容都記不清楚了，大概總是我的老機會主義發作罷了。我自己不願意有什麼和中央不同的政見。我總是立刻「放棄」這些錯誤的見解，其實我連想也沒有仔細想，不過覺得爭辯起來太麻煩了，既然無關緊要就算了吧。」

②三中全會後不久，米夫、王明集團立即對瞿秋白進行清算，在他們送交共產國際執委會的報告裡指控瞿秋白「兩面三刀」，以陰謀家兩面派的態度對待共產國際，在三中全會上進行反共產國際的「小集團」活動。（參見《布爾塞維克》第四卷第三期，一九三一・五・十）瞿秋白去江西蘇區之前，王明集團中央又將瞿秋白定性為「他是整個階級敵人在黨內的應聲蟲」（《中央關於狄康（瞿秋白）同志的錯誤的決定》，一九三三・九・二二）。瞿秋白此時已經意識到他早就被定性為反革命（「叛徒的一種」）了。

③一九三六年瞿秋白被難一周年之際，莫斯科國際工人出版社出版了《殉國烈士——瞿秋白》紀念集。其中王明、康生等署名文章《瞿秋白同志殉難一周年》中稱瞿秋白為「我們黨和蘇維埃政府的最好領袖之一」。

④作者在獄中的「供詞」裡也寫道：「我不會隨聲附和罵幾句『共匪』，更不會裝腔作勢扮成共產黨的烈士——因為反正一樣是個死，何苦自欺欺人呢?!」（轉引自陳鐵健《從書生到領袖——瞿秋白》，上海人民出版社一九九七年重印本）

⑤瞿秋白押赴刑場途中於長汀中山公園用刑餐時對記者說：「人之公餘稍憩，為小快樂；夜間安眠，為大快樂；辭世長逝，為真快樂。」（見一九三五年七月五日天津《大公報》所載六月十八日《長汀通訊》）此語與《多餘的話》中所寫互為印證。

⑥之華　楊之華（一九〇〇－一九七三），瞿秋白之妻，曾在中央婦女委員會任職，四中全會後被撤職。瞿秋白調江西蘇區時，她未獲准同行，即留上海在一工廠做工。

⑦高爾基（一八六八－一九三六），蘇聯作家。《四十年》《克里摩．薩摩京的生活》是他的長篇小說，《四十年》是副題。今一譯《克里姆．薩姆金的一生》。《文集》本副題與正題之間加有頓號，作：《四十年》、《克里摩・薩摩京的生活》。

⑧屠格涅夫（一八一八—一八八三），俄國作家。《魯定》，長篇小說，今譯《羅亭》。
⑨托爾斯泰（一八二八—一九一〇），俄國作家。《安娜・卡里寧娜》，長篇小說，今譯《安娜・卡列尼娜》。

校記：

1 愈快愈好　手抄本抄誤作「愈好愈好」。此據《逸經》本訂正。
2 此句句末標點《逸經》本作問號（？）。
3 當做一個　《逸經》本作「當一個」，無「做」字。
4 有地方　《逸經》本作「有的地方」。
5 身後虛名　《文集》本作「身後」，無「虛名」二字。此從《逸經》本。
6 雖然　《逸經》本作「雖」。
7 不願意　《逸經》本作「不願」。
8 很久　《逸經》本作「好久」。
9 結束我的生命，結束這一齣滑稽劇　《逸經》本作「結束我的革命，結果這一齣滑稽劇」。其中「生命」作「革命」；後一句的「結束」作「結果」。
10 此句後面「等等」二字，《文集》本作「等」。此從《逸經》本。
11 假面具　《逸經》本作「面具」。
12 永久去休息了　《文集》本作「永久休息了」，句中無「去」字。此據《逸經》本。
13 更應當　《逸經》木作「便應當」。
14 革命隊伍　《逸經》本作「隊伍」，無「革命」二字。
15 在政治生活裡　《逸經》本作「在政治上生活裡」。

16 十分的　《逸經》本作「十分」。

17 徹底　《文集》本作「澈底」。「徹底」、「澈底」通用，但「徹」並非「澈」之簡化字，修辭上有區別。此從《逸經》本。

18 一生的精力已經用盡，剩下的一個軀殼。　此句《文集》本作兩句，前一句的標點為句號。這裡從《逸經》本。

19 解剖室　手抄本抄誤作「解剖宣」。此據《逸經》本訂正。

20 照過　手抄本抄誤作「到過」。此從《逸經》本訂正。

21 一九三一年春　《逸經》本無「春」字。

22 這話說得或許是很可笑的，A？　《文集》本和《逸經》本作：「這話說得或許是很可笑的。」均無句尾的俏皮語「A？」此句採用坊間版本。

23 不由　《逸經》本作「不能由」。

24 落款日期標點，《逸經》本年月日之間為逗號，《文集》本日期後無句號。

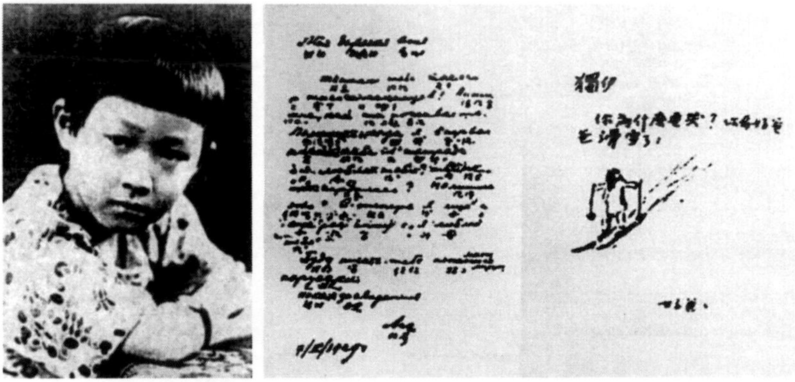

左：寄養在蘇聯的女兒獨伊
右：寫給女兒獨伊的信（一九二九・三）

附錄

記憶中的日期①

一八九九年（一月二十九日——光緒二十四年十二月十八）	生於常州
一九〇二	入私塾
一九〇五	入常州冠英小學
一九〇八冬	初等小學畢業
一九〇九春	入常州中學
一九一五夏	因貧輟學
一九一六二月	母親死
二月	赴無錫南郊某小學任校長
	是年父親赴濟南②，弟妹分散
八月	辭無錫教職返常州

十二月　抵漢口考武昌外國語專修學校

一九一七四月　在北京應普通文官考試未取

九月　入俄文專修館

一九一九一月　與耿濟之瞿世英等組織《新社會》雜誌[3]

五月　任俄專學生會代表[4]

一九二〇八月　應北京《晨報》聘起程赴俄任通信員[5]

一九二一一月　方抵莫斯科

五月　張太雷抵莫介紹入共產黨

九月　任東大翻譯始正式入黨

一九二三一月底　返國抵北平[6]

七月　參加共產黨第三次全國大會[7]

九月　返滬任上海大學教職[8]

是年加入國民黨[9]

一九二四一月　與王劍虹[10]結婚

一月　赴粵參加國民黨第一次代表大會[11]

七月　劍虹死，赴粵

十一月七日　與楊之華結婚於滬⑫
一九二五一月　參加共產黨第四次大會被舉為中委
一九二七二月　寫批評彭述之的小冊子⑬
三月　赴武漢
四月　參加共產黨第五次大會仍任中委
七月　（宣言退出國民黨）赴廬山⑭
八月七日　參加「八七」緊急會議後實際主持政治局
一九二八四月三十日　離滬出國
六月　參加共產黨六次大會仍任中委
留莫為中國共產黨代表⑮
一九三〇六月　撤銷駐莫代表職⑯
七月　起程返國仍在政治局工作
九月　參加共產黨三中全會⑰
一九三一一月七日　參加共產黨四中全會被開除政治局委員之職
請病假
一九三二秋　病危幾死

一九三四二月五日　抵瑞金任教育人民委員⑱

一九三五二月十一日　離瑞金⑲

二月二十三　抵福建汀州之水口被鍾紹葵團俘⑳

二十六　入上杭縣監

五月九日　解到汀州三十六師師部㉑

編注：

①這份附錄「簡歷」，未曾在報刊發表。今存手抄本。

②瞿秋白母親死後，瞿秋白父親即漂泊異鄉，一九一七年後到濟南謀生，曾在私立美術學校教中國繪畫。參見《未成稿目錄》注④。

③瞿秋白與耿濟之等創辦《新社會》雜誌是一九一九年十一月。

④五四運動時瞿秋白為北京「學聯」成員，為學生運動領袖之一。

⑤一九二〇年十月十六日瞿秋白作為北京《晨報》特派記者啟程赴俄國考察。

⑥瞿秋白於一九二二年底離莫斯科回國，一九二三年一月十三日抵北京。

⑦中共第三次代表大會於一九二三年六月十二日至二十日在廣州召開。瞿秋白作為蘇聯歸國代表參加大會，並起草《中國共產黨黨綱草案》。

⑧一九二三年八月瞿秋白任上海大學教職。

⑨一九二三年十月赴廣州參加國民黨改組工作；十二月參加國民黨一大宣言起草。

⑩王劍虹（一九〇三—一九二四）　四川酉陽人。與瞿秋白結婚時是上海大學中國文學系學生。婚後不久即囚患肺病去世。

⑪一九二四年一月二十日至三十日國民黨第一次全國代表大會在廣州召開。瞿秋白當選為國民黨候補中央執行委員。

⑫一九二四年十一月二十七日上海《民國日報》刊登三則啟事，一、楊之華沈劍龍（離婚）啟事：「自一九二四年十一月十八日起，我們正式脫離戀愛的關係。」二、瞿秋白楊之華（結婚）啟事：「自一九二四年十一月十八日起，我們正式結合戀愛的關係。」三、沈劍龍瞿秋白啟事：「自一九二四年十一月十八日起，我們正式結合朋友的關係。」《記憶中的日期》所記是以十月革命紀念日（即西曆十一月七日）定為結婚日，所以與「啟事」日期出入。

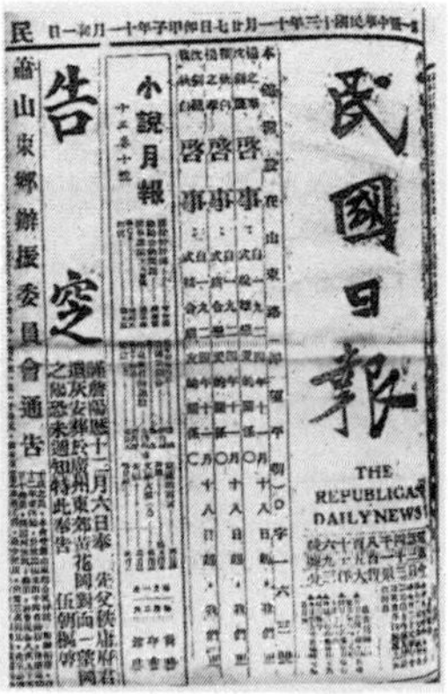
民國日報
THE REPUBLICA DAILY NEWS
啓事
啓事
啓事
小說月報
告變
山東鄉辦援委員會通告

瞿秋白楊之華結婚啓事

⑬即《中國革命中之爭論問題》。

⑭一九二七年七月十三日中共中央發佈《中國共產黨中央委員會對政局宣言（一九二七年七月十三日）》，宣佈：「中國共產黨中央委員會決定撤回參加國民政府的共產黨員。」當日晚瞿秋白與即將離任返回俄國的共產國際代表鮑羅廷離武漢上廬山，密商應對時局及鮑走後有關工作交接等問題。

⑮一九二八年六月十八日至七月十一日中國共產黨第六次代表大會在莫斯科召開。根據共產國際的決定由工人向忠發出任中共中央總書記，瞿秋白保留中央政治局委員，留莫斯科擔任中國共產黨駐共產國際代表團團長。

⑯參見《多餘的話》「盲動主義和立三路線」注⑥。

⑰一九三〇年九月二十四日至二十八日瞿秋白受命主持召開中共三中全會，糾正李立三冒險主義路線。

⑱據馮雪峰後來回憶：「一九三三年末，我擔任中央蘇區黨校教務主任，黨校校長是張聞天同志。有一次他和幾位中央領導閒談，談到一些幹部的人選，當時我也在場，他們談到有人反映蘇區教育部門的工作有點事務主義，張聞天想讓瞿秋白來主持教育工作，問我他能不能來。我說他是黨員，讓他來一定會來的。後來由我起草了電報拍到上海，秋白就服從黨的決定到蘇區來了。」（陳瓊芝：《在兩位未謀一面的歷史偉人之間》。載《中國現代文學研究叢刊》一九八〇年第三輯）

⑲紅軍主力開始撤出蘇區時，瞿秋白沒有獲准跟隨主力部隊突圍撤離，後來隨留蘇區游擊部隊轉移撤離瑞西井塘村。一九四三年張聞天在延安整風時回憶道：「關於長征前一切準備工作，均由以李德、博古、周恩來三人所主持的最高『三人團』決定，我只是依照最高『三人團』的通知行事。我記得他們規定了中央政府可以攜帶的中級幹部數目字，我就提出了名單交他們批准。至於高級幹部，則一律由最高『三人團』決定。瞿秋白同志曾向我要求同走，我表示同情，曾向博古提出，博古反對。」（《從福建事變到遵義會議》，一九四三年十二月十六日。轉引自陳鐵健：《從書生到領袖——瞿秋白》。）

⑳一九三五年二月二十三日（二十四日淩晨）瞿秋白轉移至福建省長汀縣濯田區水口鎮小徑村遭遇地方武裝鍾紹葵保安第十四團襲擊，在附近之牛莊嶺被俘。

㉑國民黨軍宋希濂第三十六師當時駐紮福建長汀。

未成稿目錄①

民二十四年夏汀州獄中。

《讀者言》②：

1.「王鳳姐」。2.張飛與李逵。3.安公子。4.野叟曝言主義。5.「阿Q」。6.「阿Q」以後。7.酒瓶問題。8.「不成話」。9.古漢文。10.翻譯。

《痕跡》③：

1.環溪。2.大紅名片。3.父親的畫④。4.娘娘。5.甯姐（以上〈家鄉〉）。6.黃先生。7.出賣真理（以上〈北平〉）。8.「餓鄉」⑤。9.郭質生⑥（以上〈第一次赴俄〉）。10.丁玲⑦和他。11.「生命的伴侶」。12.獨伊⑧。13.誤會（以上〈上海〉）。14.藍布袍子。15.廬山（以上〈武漢〉）⑨。16.憶太雷（以上〈一九二七年年底〉）⑩。18.「老爺」。19.憶景白⑪。20.麵包問題。21.夜工（以上〈第二次赴俄〉）。22.油乾火盡時。23.「做戲」（以上〈退養時期〉）。24.那松林的「河岸」。25.真君潭（雪峰⑫）。26.只管唱，不管認。27.淡淡的象（以上〈蘇區〉）。28.逃！29.餓的研究。30.不懂的（以上〈上杭〉）。31.得其放心矣（〈汀州〉）。⑬

編注：

① 一九三五年六月四日，瞿秋白獄中答《福建民報》記者問時說：「《多餘的話》已脫稿，還打算寫兩本，補充我想講的話，共湊成三部曲，不過有沒有時間讓我寫，那就不知道了。」（李克長《瞿秋白訪問記》，載一九三五年七月三日至六日《福建民報》）瞿秋白這裡所說「還打算寫兩本，補充我想講的話」，就是這篇「目錄」所列的篇什。當時作者還不知道「有沒有時間讓我寫」，但當蔣介石就地處決令在執刑前一日傳示本人之後，作者即將這份寫作計劃題為《未成稿目錄》。

② 擬撰述的文藝箚記，計劃中的「三部曲」之一。

③ 擬撰述的回憶文，計劃中的「三部曲」之一。此目錄抄本缺十七，實為三十篇。

④ 瞿秋白父親瞿稚彬（一八七五－一九三二），名世瑋，道號圓初，工山水畫。鄭昶（午昌）著《中國畫學全史》所附《現代畫家傳略》記載：「瞿圓初，武進，山水」。（中華書局一九二九年五月

初版）參見《記憶中的日期》注②。

⑤餓鄉，指俄國。瞿秋白作為《晨報》記者赴俄國寫的第一本報告文學即題為《餓鄉紀程》（一九二一）。

⑥郭質生（一八九六—一九七九）　瞿秋白俄國友人，漢學家、語言學教授。

⑦丁玲（一九〇四—一九八六）　女作家。瞿秋白在上海大學任教時的學生，瞿秋白第一位妻子王劍虹的同學好友。李克長《瞿秋白訪問記》中談到她。瞿秋白離開上海赴蘇區之前丁玲已被國民黨當局逮捕；瞿秋白被俘後，丁玲仍一直被囚禁在南京。

⑧獨伊　瞿秋白女兒瞿獨伊。當時留居在俄國。

⑨中共宣佈退出國民黨之後，作者即隨鮑羅廷赴廬山密商工作。

⑩張太雷是瞿秋白少年時在常州府中學堂時的同學，後來在莫斯科是瞿秋白入黨介紹人。一九二七年張太雷受命發動廣州暴動時戰死。

⑪景白　瞿景白（一九〇六—一九二九），瞿秋白三弟。一九二八年四月赴莫斯科中山大學（中國勞動者共產主義大學）學習。因參加反對米夫、王明集團的學潮，於一九二九年十月在聯共「清黨」運動中「失蹤」遭暗害。

⑫雪峰　似指馮雪峰（一九〇三—一九七六），「左聯」作家。瞿秋白被開除中央政治局隱居上海後與其結識，並通過他與魯迅開始交往。這一時期馮曾任「左聯」黨團書記、中共中央宣傳部文化工作委員會書記、江蘇省委宣傳部部長等職。以後二人先後調往江西蘇區。瞿秋白在獄中寫《多餘的話》之時，馮雪峰已隨紅軍主力突圍正在長征途中。

⑬這一篇擬撰述獄中思想以及寫《多餘的話》時的心態。

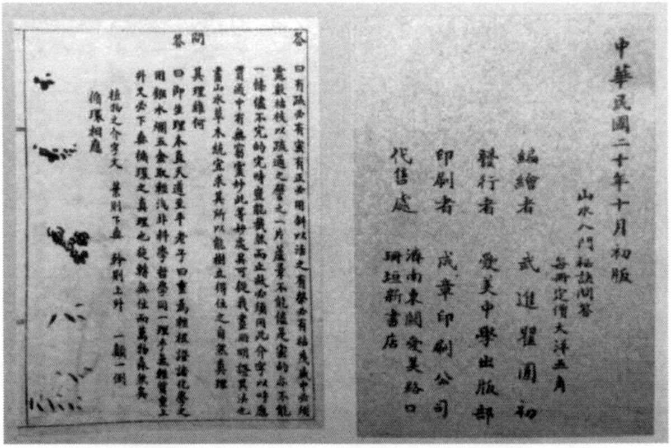
中華民國二十年十月初版

山水入門秘訣問答 每冊定價大洋五角

編繪者 武進瞿圓初

發行者 愛美中學出版部

印刷者 成章印刷公司

代售處 濟南東關愛美路口 琳琅新書店

瞿秋白父親瞿世瑋（圓初）著《山水入門秘訣問答》
（一九三一年十月濟南愛美中學出版部初版）

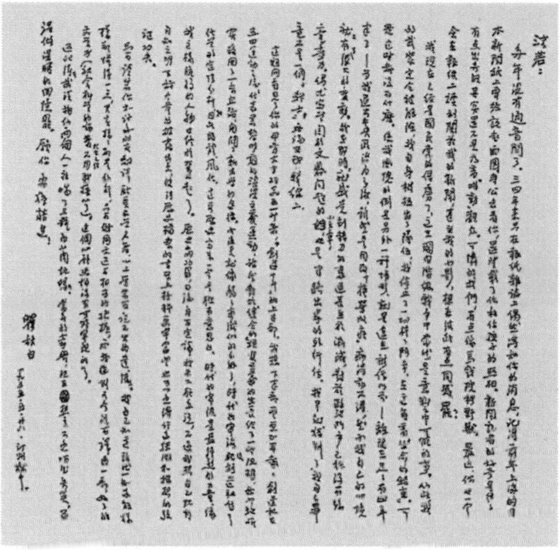
獄中致郭沫若信手跡

致郭沫若①

沫若：

多年沒有通音問了。三四年來只在報紙雜誌上偶然得知你的消息，記得前年上海的日本新聞紙上曾經說起西園寺公②去看你，還登載了你和你孩子的照相。新聞記者的好奇是往往有點出奇的。其實還不是為著「哄動」觀眾。可憐的我們，有點像馬戲院裡野獸，最近，你也一定會在報紙上讀到關於我的新聞，甚至我的小影，想來彼此有點同感罷？

我現在已經是國民黨的俘虜了，這在國內階級戰爭中當然是意料之中可能的事。從此，我的武裝完全被解除，我自身被拉出了隊伍，我停止了一切種種鬥爭，在這等著「生命的結束」。可是這些都沒有什麼。使我慚愧的倒是另外一種情形，就是遠在被俘以前——離現在足足有四年半了——當我退出中央政治局之後，③雖然是因為「積勞成疾」病得動不得，然而我自己的心境就已有了很大的變動。我在那時，就感覺到精力的衰退甚至於澌滅，對於政治鬥爭已經沒有絲毫盡力。偶然寫些關於文藝問題的小文章，也是半路出家的外行話。我早就猜到了，我自己畢竟不是一個「戰士」，無論在那一戰線上。

這期間看見了你的甲骨文字研究的一些著〔作〕，《創造十年》的上半部④，我想下半部一定更加有趣：創造社在五四運動之後，代表著黎明期的浪漫主義運動，雖然對於「健全的」現實主義的生長給了一些阻礙，然而它確實殺開了一條血路，開闢了新文學的途徑。而後來就像觸了電流似的分解了，時代的電流使創造社起了化學的定性分析，它因此解體、風化。這段歷史寫來一定是極有意思的。時代的電流是最強烈的力量，像我這樣脆弱的人物也終於禁不起了。歷史上的功罪，日後自有定論，我已不願多說，不過我想自己既有自知之明，不妨儘量的披露出來，使得歷史檔案的書架上材料更豐富些〔，〕也可以免得許多猜測和推想的考證功夫。⑤

只有讀著你和許多朋友翻譯歐美文學名著，心上覺著有說不出的遺憾。我自己知道雖然一知半解樣樣都懂得一點，其實樣樣都是外行，只有俄國文還有相當的把握，而我到如今沒有譯過一部好好的文學書（社會科學的論著，現在已經不用我操心了）。這個心願恐怕沒有可能實現的了。

還記得在武漢我們兩個人一夜喝了三瓶白蘭地嗎？[6]當年的豪興，現在想來不免啞然失笑，留得做溫暖的回憶吧。願你　勇猛精進！

瞿秋白

一九三五・五・廿八　汀洲獄中。

編注：

①此信是瞿秋白託付當時在獄中為他看病的第三十六師軍醫陳炎冰轉寄，經輾轉後來發表在美國紐約華文雜誌《先鋒》週刊上。原信手稿後來也由《先鋒》雜誌送交收信人郭沫若。以後郭沫若又將原信交給了瞿秋白遺孀楊之華收存。一九六六年此信被紅衛兵查抄，一九六八年影印刊載在紅衛兵組織北京師大井岡紅軍所編《瞿秋白批判集》一書中。關於三十六師軍醫陳炎冰參見本書「回憶資料」中《為瞿秋白看病的兩個陳軍醫》一文。

②西園寺公　即西園寺公望（一八九四—一九四〇），曾任日本首相。當時郭沫若流亡在日本，西園寺公望曾約見過他。

③瞿秋白於一九三一年一月七日的中共六屆四中全會上被開除出中央政治局。

④《創造十年》的上半部　郭沫若回憶錄，一九三二年出版。信中提到的下半部（《創造十年續編》）於一九三八年出版。

⑤寫此信當時《多餘的話》已經寫成，並計劃撰述續篇，已擬出寫作提綱，即《未成稿目錄》。

⑥一九二七年春武漢國民政府時期，郭沫若在北伐軍政治部任職，瞿秋白在中共中央主管宣傳工作，當時二人聚飲是在武漢中共五大召開前後。

上：郭沫若在日本東京
下：任國民革命軍總政治部副主任時的郭沫若（左持鞭者）

獄中詩詞

浣溪沙①

廿載浮沉萬事空，
年華逝水水流東，
枉拋心力作英雄。

湖海棲遲芳草夢，
江城辜負落花風，
黃昏已近夕陽紅。

編注：

①此首及以下《夢回》、《憶內》二首，曾發表於一九三五年《國聞週報》第十二卷第二六期，附於李克長《瞿秋白訪問記》一文之後。

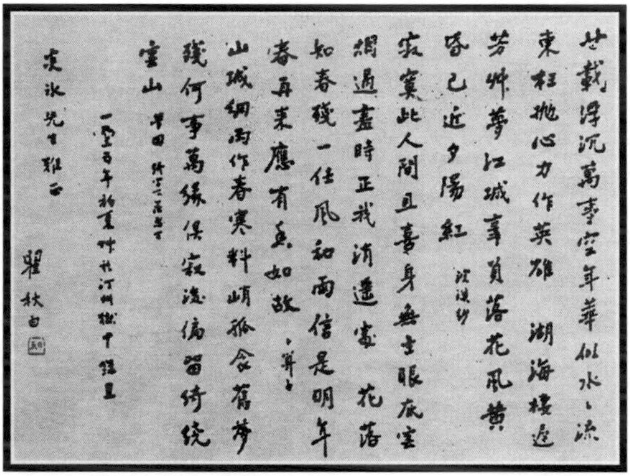

一九三五年初夏草於汀州獄中錄呈　炎冰先生雅正　瞿秋白

卜算子

寂寞此人間，且喜身無主，
眼底雲煙過盡時，正我逍遙處。
花落知春殘，一任風和雨，
信是明年春再來，應有香如故。

夢回

山城細雨作春寒，
料峭孤衾舊夢殘；
何事萬緣俱寂後，
偏留綺思繞雲山。

無題①

斬斷塵緣盡六根，
自家且了自家身；

欲知治國平天下，
原有英雄大聖人。

編注：

①國民黨三十六師少校醫藥師曹文貴在六十年代寫的一份材料中說：「瞿秋白烈士，因病未能隨紅軍北上，被三十六師部隊捕獲，以後拘禁在三十六師司令部……瞿烈士的胃病，每天由陳志剛前去診治，由於經常接觸瞿秋白烈士，對陳志剛也比較熟識起來，先後曾寫了幾張詩詞送給陳志剛，亦替他刻了一個圖章，同時也通過陳志剛寫了幾張詩句給我，詩的內容是：『斬斷塵緣盡六根，……』」按：陳志剛系三十六師上尉軍醫，本書回憶資料部分收有其訪談錄《瞿秋白獄中側記——訪鹽城衛校陳子剛先生》。

憶內　集唐人句①

夜思千重戀舊游，（李端）
他生未卜此生休；（李商隱）
行人莫問當年事，（許渾）
海燕飛時獨倚樓。（戴叔倫）

編注：

①第一句見李端《宿淮浦憶司空文明》：
愁心一倍長離憂，夜思千重戀舊遊。
秦地故人成遠夢，楚天涼雨在孤舟。
諸溪近海潮皆應，獨樹邊淮葉盡流。
別恨轉深何處寫，前程惟有一登樓。

第二句見李商隱《馬嵬》：
海外徒聞更九州，他生未卜此生休。
空聞虎旅傳宵柝，無復雞人報曉籌。
此日六軍同駐馬，當時七夕笑牽牛。
如何四紀為天子，不及盧家有莫愁。

第三句見許渾《咸陽城東樓》：
一上高樓萬里愁，蒹葭楊柳似汀洲。

溪雲初起日沉閣，山雨欲來風滿樓。
鳥下綠蕪秦苑夕，蟬鳴黃葉漢宮秋。
行人莫問當年事，故國東來渭水流。

第四句見戴叔倫《寄司空曙》：

細雨柴門生遠愁，向來詩句若為酬。
林花落處頻中酒，海燕飛時獨倚樓。
北郭晚晴山更遠，南塘春盡水爭流。
可能相別還相憶，莫遣楊花笑白頭。

無題

百年心事向黃昏，
生死茫茫大限門；
□□□□神力盡，
應無清福作遊魂。

（一九三五年六月十八日）

偶成　集唐人句①

一九三五年六月十七日晚，夢行小徑中，夕陽明滅，寒流流咽，如置身仙境，翌日讀唐人詩，忽見「夕陽明滅亂山中」句，因集句得偶成一首：

夕陽明滅亂山中，（韋應物）
落葉寒泉聽不窮；（郎士元）
已忍伶俜十年事，（杜甫）
心持半偈萬緣空。（郎士元）

編注：

①第一句見韋應物《自鞏洛舟行入黃河即事寄府縣僚友》：

夾水蒼山路向東，東南山豁大河通。
寒樹依微遠天外，夕陽明滅亂流中。
孤村幾歲臨伊岸，一雁初晴下朔風。
為報洛橋遊宦侶，扁舟不繫與心同。

第二、第四句見郎士元《題精舍寺（一作酬王季友秋夜宿露臺寺見寄）》：

石林精舍武溪東，夜扣禪關謁遠公。
月在上方諸品靜，僧持半偈萬緣空。
秋山竟日聞猿嘯，落木寒泉聽不窮。
惟有雙峰最高頂，此心期與故人同。

集句中的第二句「落葉寒泉聽不窮」，「落葉」郎士元原句作「落木」；第四句「心持半偈萬緣空」，原句作「僧持半偈萬緣空」。

第三句見杜甫《宿府》：

清秋幕府井梧寒，獨宿江城蠟炬殘。
永夜角聲悲自語，中天月色好誰看。
風塵荏苒音書絕，關塞蕭條行路難。
已忍伶俜十年事，強移棲息一枝安。

書完此四句瞿秋白即被押赴刑場，是為絕筆。

附錄

詠菊

今歲花開盛，
宜栽白玉盆。
只緣秋色淡，
無處覓霜痕。

舊遊

出其東門外，相將訪紅梅。
春意枝頭鬧，雪花滿樹開。
道人煨榾柮，煙濕舞徘徊。
此中有至境，一一入寒杯。
坐久不覺晚，瘦鶴竹邊回。

哭母

親到貧時不算親，
藍衫添得淚痕新。
饑寒此時無人問，
落上靈前愛子身。

供詞①（摘錄）

（一九三五年五月十三日）

「我已經成了你們的俘虜，照例應有一篇供詞。」

「初進蘇區的感想，首先就是各鄉各區……的政權的確握在另外一種階級手裡，同蘇區以外是相反的。那些『下等人』，無論他們因為文化程度的低而做出些愚蠢或者多餘的事，可是，他們是在學習著、進步著，在鬥爭中糾正著自己的錯誤。他們中間產生了不少幹部，……。例如江西省蘇維埃政府主席劉啟堯（現在已經在戰爭中死了），他是一個長工，二十多歲還是一個字不識的，然而二年的蘇維埃革命中，他努力學習，甚至晚上不睡覺——在一九三四年三月間我見著他的時候，他已經能夠看得懂《紅色中華》報，已經能夠指導一個省政府的工作。

經濟建設方面，除兵工廠、印刷廠、造幣廠等一些國有企業外，農業方面在後方也有可驚的成績。例如去年的春耕運動教會了幾萬婦女犁田。蘇區去年沒有災象是事實，雖然紅軍擴大了好些，就是在家耕田的壯丁少了好些，而米糧能夠吃到今年秋季。……至於民眾同蘇維埃政府的關係方面，只看一九三四年五月擴大紅軍，九月又擴大，計劃都完成了；六月和八月的收集糧食（有借農民的穀子，有農民自己節省來捐助的穀子，有按時交納土地稅的穀子）也完成了。

蘇區的生活，在一九三四年二月到八九月，還是相當安定和充足的，不過鹽貴些，布缺乏些，這是國民黨封鎖的關係。我見著一般農民當時的飯菜，問他們比革命以前怎樣，他們都說好些，因為分了田。到後來，國民黨的軍隊很多很多的圍緊起來，佔領了一切城市和圩場，鄉村中的生活就一天[天]的苦起來，因為有油的地方運不出，沒油的地方買不到，……等等。生活一般的說，是很苦的，並沒有在蘇維埃革命之後立刻創造『地上的天堂』。這區域原來就是很貧瘠的，何況要應付這樣嚴重的戰爭和封鎖，這的確是中國歷史上空前殘酷的戰爭呵！」

「自然，革命和戰爭難免殺人，這種肅反的工作做得『過火』，或是錯誤，就會引起一種民眾的恐慌和反感。可是，在我到蘇區的這一年中，早已沒有這種現象。……正是共產黨中央迅速糾正了他們，……在中央的決定之中，決沒有以殘殺為原則，『越殺多越革命』、『七八十歲的老頭子，幾歲的小孩子都要殺』的事情。據我所知道的，就是『消滅地主階級』的口號，也絕對不是殺盡地主的意思。……我在蘇區沒有親眼見著『殺得滿地是屍首』的現象，也許我的『見聞不太廣』。」

「到了蘇區，使我更加感覺現在的中國共產黨中央和全黨，同以前我和其他幾個同志（如李立三）領導的時候比較起來，大不同了，工人幹部也多了，工作方式也是新的了，政治分析等等的能力也強多了。

總之，在政策方面，我雖然不在黨的中央政治局，不擔負著政治上的最高領導責任，可是，以我在蘇區一年的感覺而論，覺得黨中央的政策和路線沒有什麼錯誤。」

「最後我只要說：我所寫的都是我心上真實的感覺。我所見，所聞，所作，所想的。至於我所沒有見過的，沒有覺到的，或者違背事實，捕風捉影的話，我是不寫的。我不會隨聲附和罵幾句『共匪』，更不會裝腔作勢扮成共產黨的烈士——因為反正一樣是個死，何苦自欺欺人呢?!」

編注：

①一九三五年五月十三日瞿秋白在汀州獄中寫有《供詞》一篇，全文四千餘字。三十六師師長宋希濂執刑後即將此文件以及《多餘的話》文稿抄本等呈報國民黨駐閩綏靖公署主任蔣鼎文。由於此篇供詞對於當局毫無利用價值，且文中多是鼓吹頌揚蘇區之詞，當時未予披露發表。此篇摘錄轉引自陳鐵健著《從書生到領袖——瞿秋白》一書。

「文革」時流傳的油印本《多餘的話》

二、獄中談話錄

瞿秋白訪問記[1]

李克長

瞿秋白訪問記

《國聞週報》刊載的《瞿秋白訪問記》

《國聞週報》編者前言：共黨首領瞿秋白氏，在閩被捕，於六月十八日槍決於長汀西郊。本文作者於其畢命前之兩星期（六月四日）訪問瞿氏於長汀監所，所談多關個人身世，了無政治關係，故予刊載，以將此一代風雲人物之最後自述，公諸國人。（編者）

本年四月初，瞿秋白與項英[2]妻張亮，梁柏台[3]妻周月林，在武平[4]縣屬水口地方被捕，寄押上杭，是時尚未認出，嗣駐閩第二綏靖區司令部疊據各方報告，有重要匪首數人被俘，嚴電各部隊查詢。瞿解至長汀，為一原在匪中為伙伕者指出。張周二人經押解龍岩第二綏靖區司令部，亦明白供認，並各寫悔過書一紙。瞿在長汀，禁閉於三十六師師部內。記者日前因事赴汀，乃就近至押所，與瞿作一度之談話，時為二十四年六月四日上午八時。

瞿衣青布短褂袴，身材約中人高度，微胖，臉色黃黑，眼球無甚神采，兩手豐潤。神情態度，頗為暇逸，記者入室時，適瞿正伏案刻石章，聞步履聲，即起立點頭，並問記者來意及姓名。

＊　＊　＊

記者問：足下亦善篆刻乎？

瞿答：獄中無事，借此消磨時間。尚系從前在中學校時，有一國文教員喜此，略略學得，已多年沒有刻過。

問：自被捕押後，近來意緒若何？

答：近來心境轉覺閒適。過去作政治活動，心力交瘁，久患吐血症，常整個星期失眠。

押上杭縣府時，與兵士同待遇，幾至不能支持。來此間後，甚承優待，生活優越多多矣。

問：足下個人歷史，外間頗多揭露，其詳可得而聞乎？

答：我是江蘇武進人，今年三十八歲，照陽曆推算，實為三十六歲。[5]若論家世，可謂世代書香，自明末曆清朝二百餘年，代代為官。先祖在光緒年間為湖北藩台，曾一度署理巡撫。[6]先伯父歷任浙江蕭山、常山等縣知事。[7]父親則近於紈袴，吸鴉片，不事生產。鼎革後，祖父及伯父相繼死，家計遂異常窘迫。父親出外飄流，只能糊其個人之口。母親攜我及弟妹四人，以典當度日，我是時在常州中學讀書。母親為貧窮所逼，旋自縊死。我有堂兄一，任職北京政府陸軍部。[8]畢業後，彼帶我至北京，考取北京大學，以無費用未入學。適外交部開辦俄文專修館，不收學費，並聞畢業後可派赴俄國做隨習領事或至中東路任事，乃改考入該館。五四運動，我為校內學生會領導人物，甚為活動。此時略通俄文，喜讀托爾斯太作品，傾向於無政府主義，與鄭振鐸，耿濟之等著手初譯俄國文學作品。畢業後，北京晨報館欲派一新聞記者駐俄，友人以我介紹，經認為合格，遂往莫斯科，年領晨報館薪金洋二千元，時時寄通訊稿於該館。次年，張國燾，張太雷等到俄，介紹我入共黨。我認為欲明瞭蘇俄國家一切，非入共黨恐不易得個中真相，故即應允加入。對於馬克思，列寧學說，漸有興趣，閱讀書籍亦日多。旋共黨派往莫斯科第一批學生六十餘人到達，伊稱全不懂俄文，入莫斯科大學東方部，由我擔任翻譯，終日傳話，無暇撰稿寄《晨報》，該館即停止我之薪金，是時我任譯員，每月有薪水，生活亦不發生問題。張太雷等回國，邀我同回，到上海，參加中國共黨中央[。]中國國民黨第一次全國代表大會，我到廣州參加，並時往來於滬粵，常至上海環龍路國民黨中央黨部。旋任上海大學教務長，不久改任社會學會[系]主任，兼授社會科學。前妻王氏，結婚後半年即死，國民黨第一屆中委沈玄廬之媳楊之華，與其夫不合，離婚至上大讀書，我與之戀愛，不久結婚。伊原生一女，亦攜之同來，此女現在莫斯科，今年已十六歲矣。[9]我與陳獨秀先後辦《新青年》及《嚮導》周報，譯撰甚多，用秋白筆名發表。我原名瞿霜，故自取秋白筆名，旋又改名為瞿爽，秋白二字傳播漸遠，原名外間知者甚鮮。[10]武漢時代，我在武漢軍分校為政治教官。國共分裂，我遂未露面。獨秀政策失敗後，立三路線亦為黨內攻擊。李立三為人，極其稀奇古怪，做出許多荒誕之事，大家均不滿，我亦認為不對。立三下臺，我為總書記。自己總覺得文人結習未除，不適合於政治活動，身體不好，神經極度衰弱，每年春間，即患吐血症。我曾向人表示，「田總歸是要牛來耕的，現在要我這匹馬來耕田，恐怕吃力不討好，」[11]他們則說，「在沒有牛以前，你這匹馬暫時耕到再

何叔衡（左二）攝於江西蘇區（一九三二年）。何曾任蘇區最高法庭主席，與瞿秋白一起轉移突圍時遇難。

說。」不久，牛來了，就是秦邦憲，陳紹禹，張聞天他們回來了。他們在莫斯科足足讀了六年書，回來發動他們的領導權，大家都無異議。⑫我於是乎覺得卸下了千斤重擔，大大地鬆一口氣。即在浦東賃屋養病。去年二月，由上海到瑞金，任教育人民委員，職務較為閒散。六月間猶曾與妻子楊之華通信，嗣後不通消息。朱毛出走，決定留我在後方，與項英等同在瑞金九堡中央後方辦事處。不久國軍搜剿日緊，乃將我與鄧子恢、何叔衡、張亮等送往福建省蘇，省蘇派隊伍送我等往永定，欲出大埔，潮汕往香港或上海，中途在武平永[水]口被捕。⑬

問：足下何故主張用暴動政策？

答：當時我認為有若干地區，時機已成熟，且為輔助軍事發展計，主張在湖南與潮汕兩區暴動，由湖南湖北安慶發展至南京，另一路由潮汕沿海經浙江發展至南京，但我的政策發表後，下級人員誤解意旨，各處均紛紛暴動，遂被目為「盲動主義」矣。

問：赤區教育部有過若何工作？

答：因為國軍軍事壓迫甚緊，一時尚不易顧及教育工作，但我曾極力為之，蘇區各地，列寧小學甚多，教科書亦已編就，此外有識字班之設立，後又改為流動識字班。師範學生極感缺乏，故設立列寧師範，造出小學教員甚多。另有郝西史小學，學科均極粗淺，學生大半為工人。去歲計劃設立職業中學多處，尚未實現。

問：足下云愛好文藝，赤區中的文藝政策若何？對於所謂普羅作家以及左聯等有無指導？

答：蘇區對於文藝方面，認為暫時未能顧及，[14]聽其自然發展，至一般普羅作家，原先患幼稚病者甚多，公式化之作品，久已為人所識，我素來即不閱讀，上海左翼作家聯盟，其中共產黨員，只有四五人，餘人至多不過為同路人而已，關於文藝理論方面，左聯有時來問及，即告知以大體輪廓，至於發揮闡述，全由執筆者本人為之。

問：魯迅，郭沫若，丁玲等與共黨之關係若何？

答：魯迅原非黨員，伊發表作品，完全出於其個人意志，只能算為同路人。郭沫若到日

上：瞿秋白的第一個妻子王劍虹（右）與上海大學同學丁玲（左）
下：丁玲被捕消息（一九三三・五・一四），此時軟禁在南京

中國文壇最負盛譽之女作家丁玲女士，於五月十四日突告失縱，或傳被捕遇害，紛疑不一。

Miss Ting Ling, noted Chinese woman writer, whose whereabouts have been unknown since May 14 and whose exact fate still remains to be told.

本後，要求准其脫黨，聞系出於其日本老婆之主張，以在日如不脫黨，處處必受日本當局干涉，不能安居。蘇維埃中央原諒其苦衷，已准其脫黨。丁玲原為上海大學學生，我當時有一愛人與之甚要好，故丁玲常在我家居住。丁玲是時尚未脫小孩脾氣，嘗說，「我是喜歡自由的，要怎樣就怎樣，黨的決議的束縛，我是不願意受的。」我們亦未強之入黨，此時仍為一浪漫的自由主義者，其作品甚為可讀。與胡也頻同居後，胡旋被殺，前年忽要求入黨，⑮作品雖愈普羅化，然似不如早期所寫的好。此外成仿吾為蘇區黨校教授，已隨朱毛西去。

問：朱毛等西竄之計劃若何？

答：蘇區軍事方面，甚為祕密，我自己是一文人，對於軍事亦不多問，他們也不完全讓我知道。西竄計劃，當然系國軍進展壓迫之結果。他們決定把我留在後方，初時我並不知悉，後由項英告訴我，我覺得病軀不勝萬里奔波之苦，故亦安之。項英等留而不去，用意有二：一則率領二十四師八團九團等牽制國軍追擊，一則尚欲保留相當活動區域，並決定城市盡行放棄，化整為零，專從偏僻鄉村墟落發展。

問：楊之華現在何處？

答：去年尚在上海，因共黨活動困難，無家眷者租屋也租不到，故中央令其參加祕密工作，充作黨員家眷，以使活動。自去年六月間曾得其通訊後，即不聞其訊息。一說其因機關破獲已被捕，一說已回娘家居住，但均系得諸傳聞，未能證實。

問：陳獨秀，彭述之等被捕，是否與共黨有關？

答：獨秀等久已與黨不發生關係，自開除彼等黨籍後，即聽其自然，其被捕絕非黨中有人告密。

問：前年共黨在永定龍岩一帶大殺知識分子，是否為造成恐怖政策？

答：此系社會民主黨蒙蔽共黨所為，發覺後，即將社民黨各分子捕殺。又AB團分子亦行肅清，但非專事屠殺知識分子。

問：項英等現在何處？

答：我從後方辦事處和他們分別以後，就未聞其消息，最近聞毛澤潭[覃]已斃命，[16]據毛的行動看來，項英必系分率殘部一股，化整為零，分途竄走，據我推測，最近或在清流寧化一帶。

問：在赤區中亦有新著作否？

答：沒有什麼著作，尤其是文藝方面之著作，更加沒有。有時寫一點關於理論的文字，因為工作甚繁，身體又有病，故執筆時間甚少。

問：壁上所貼詩詞，是近來作品否？

答：是的（言時，從壁釘上取下數紙交記者閱讀），此調久已不彈，荒疏不堪，請賜指正。

問：在赤區中亦常作詩詞否？

答：很少，有幾個年紀大一點的人，有時寫寫，但不常以稿示人。

問：吟詠亦所素好乎？

答：談不上什麼素好，從前在中學時代，很喜歡弄弄玩玩。近來獄中無可消磨光陰，偶有所作，書作紀念，已積有十餘首矣。

問：此外尚有何作品否？

答：我化了一星期的工夫，寫了一本小冊，題名《多餘的話》。（言時，從桌上檢出該書與記者。系黑布面英文練習本，用鋼筆藍墨水書寫者，封面貼有白紙浮簽。）這不過記載我個人的零星感想，關於我之身世，亦間有敘述，後面有一《記憶中的日期表》，某年作某事，一一注明，但恐記憶不清，難免有錯誤之處，然大體當無訛謬。請細加閱覽，當知我身世詳情，及近日感想也。

問：此書亦擬出版否？

答：甚想有機會能使之出版，但不知可否得邀准許。如能賣得稿費數百元，置之身邊，買買零碎東西，亦方便多多矣。

問：此書篇幅甚長，可否借出外一閱？

答：可以，可以，如有機會，並請先生幫忙，使之能付印出版。

問：容攜出細閱後，再來商量。不過恐須經中央審查，方能決定。足下對於年來出版作品，亦有機會讀及否？

答：讀過幾種，但不易得。我近來想讀的書，開有一張名單，寫在《多餘的話》後面。

問：足下對於胡適有何批評否？

答：他專門的東西，又不去攪。《中國哲學史》，《國語文學史》，只看到一部分，至今尚未完成；卻專喜歡拉拉雜雜，東說西說。他學術界的地位，較之「五四」時期，何止天懸地隔。他批評國民黨，自己又沒有什麼政見，此種態度，一無可取。我們對於資產階級之學者，其作品如有真正學術價值，亦極重視。我個人則尤未能完全脫卻紳士臭味，所謂「文人結習」，至今未除。在瑞金時，曾覓獲瑞金縣志一部，系唯一木版孤本，共六冊，我鄭重保存於圖書館中。圖書館在沙洲壩，其中書籍，系疊次在沙縣，永安，邵武，長汀各處搬來的，共有數千冊。瑞金縣誌為人借去第五本一冊，我屢次索取未見還，遂致殘缺一本，極為可惜。退出瑞金時，因不便攜帶，我將其餘五本書仍置館中，希望國軍中有人取去，俾此殘本不致絕版，現在不知究有人拿得與否，如遭淩廢，則孤本失傳矣。

問：足下家屬，尚知其訊息否？

答：武進原籍，族人甚多，久已斷絕往來，彼等亦恐為我所波累，絕口不提及我，並且也不知我在何處，無法提及。同胞尚有弟妹四人，聞尚均在原籍讀書，去年閱《申報》，見有我堂兄[17]之名字，系由外交部派至某處接某某外國使節，現亦不知尚在該部否。

問：設使赤軍發展至武進時，足下對於族屬，將作何處置？假如有反共行為，其亦效大義滅親乎？

答：彼等均為無甚知識之人，膽子又小，果若紅軍發展至武進，彼等決不至有若何行為

表示，倘真有此類事情發生，如何處置，我亦不能作主。（微笑）

問：黨中諸首要，平日過從最密者為若何人？

答：黨方人物，較為熟悉，惟軍事首領，不認識者居多，朱德，毛澤東，葉劍英諸人熟識多年，彭德懷只見過兩面。林彪有一次同朱德到瑞金，經朱介紹始認得。他如羅炳輝等，我在瑞金，彼等未來過，故始終未見面，其餘更無論矣。因軍事人員，散在各地，各有職責，謀面機會甚少之故。其新進軍官，姓名亦不知之。

問：方志敏被捕事曾聞及否？

答：方志敏此名字不大熟悉，被捕事更無所聞。[18]

問：足下來到此間以後，對於前途作何想念否？

答：此時尚未聞將我如何處置，惟希望能到南京去。[19]在此終日看看書——承他們借給我幾部書（拿桌上之《唐詩三百首》、《國語文學史》，及雜誌數本等），已經看完了——做一兩首詩詞，替他們刻幾顆章子。《多餘的話》已脫稿，還打算再寫兩本，補充我所想講的話，共湊成三部曲[20]，不過有沒有時間讓我寫，那就不知道了。

問：今天談話甚多，改日有機會再來和足下談談，可否請你寫幾首近作給我，並為我刻一顆圖章？

答：那盡可以，反正無事做，請你買紙和石頭來就行了。

* * *

談至此，遂興辭，並攜《多餘的話》稿本出，即至街上買紙一張及石章一顆，送與其寫刻，傍晚時著人取來[。]《多餘的話》一稿，閱未及半，為主管禁押人員催索取去，云即另抄一副本寄與記者。次日匆匆離汀，俟接到該副本後，當再為文記之。

附瞿秋白近作詩詞三首，即寫於記者所寫之紙上者：

浣溪沙

廿載浮沈萬事空，年華似水水流東，
枉拋心力作英雄。
湖海棲遲芳草夢，江城辜負落花風，
黃昏已近夕陽紅。

夢回口占

山城細雨作春寒，料峭孤衾舊夢殘；
何事萬象俱寂後，偏留綺思繞雲山。

獄中憶內　集唐人句

夜思千重戀舊遊，他生未卜此生休；
行人莫問當年事，海燕飛時獨倚樓。

編注：

①一九三五年六月四日《福建民報》記者李克長採訪了牢獄中的瞿秋白，並寫了這篇採訪實錄。這篇訪問記發表在七月三日至六日的《福建民報》、《閩西日報》上（《閩西日報》上發表時題為《未正法前之瞿匪秋白訪問記》），並在七月八日出版的《國聞週報》第十二卷第二十六期上刊載（題《瞿秋白訪問記》）。《國聞週報》同時發表了瞿秋白獄中作的詩詞三首：《浣溪沙》《夢回》《憶內》。三十餘年後，「文革」時期北京師範大學紅衛兵組織出版的《瞿秋白批判集》翻印了此文。一九六六年香港《春秋》雜誌總二二〇期上作者又以《憶當年與瞿秋白在獄中一段問答》（修訂本）為題重新發表了此篇訪問記。本篇採用當年《國聞週報》發表文本。

②項英（一八九八—一九四一）當時是中共中央政治局常委。紅軍主力突圍開始長征後，他留在原蘇區贛粵邊境，任中央蘇區分局書記，中央軍區司令兼政委。

③梁柏台（一八九九—一九三五）曾任蘇區政府司法人民委員、內務部代理人民委員；紅軍主力突圍後留任蘇區政府辦事處副主任。後被俘遇難。

④瞿秋白於一九三五年二月二十四日在福建省長汀縣濯田區被國民黨地方保安團俘獲。

⑤一九三五年二月瞿秋白被俘時三十六歲，虛歲三十八。《記憶中的日期》：「一八九九年（一月二十九日——光緒二十四年十二月十八）生於常州」。

⑥瞿秋白叔祖父瞿賡甫（名廷韶）曾任湖北按察使（光緒二十四年）、布政使（光緒二十五年）。

⑦瞿秋白四伯父瞿世琥曾任浙江桐鄉、山陰、常山、長興、黃岩、嵊縣的知縣；民國以後還在江蘇丹陽、泰興等地任知縣。

⑧瞿秋白四伯父之子瞿純白（一八八九—一九六七）當時在北洋政府外交部任職。此處記者誤記為陸軍部。

⑨即瞿獨伊。

⑩「譯撰甚多，用秋白筆名發表。我原名瞿霜，故自取秋白筆名，旋又改名為瞿爽，秋白二字傳播漸遠，原名外間知者甚鮮。」此句，《憶當年與瞿秋白在獄中一段問答》作：「譯撰者原名外間知者甚鮮，多用秋白筆名發表。我原名瞿霜，故自取秋白筆名，旋又改為瞿爽，秋白二字傳播漸遠。」

⑪《多餘的話》「脆弱的二元人物」中說：「一隻羸弱的馬拖著幾千斤的輜重車，走上了險峻的山坡，一步步的往上爬，要往後退是不可能，要再往前去是實在不能勝任了。我在負責政治領導的時期，就是這樣一種感覺。欲罷不能的疲勞使我永久感覺一種無可形容的重壓。」

⑫這是指從莫斯科回國的王明、博古等人為奪取中共中央領導權在上海緊急召開中共六屆四中全會之事。

⑬瞿秋白等於一九三五年二月二十三日轉移至福建長汀縣水口鎮小徑村遭地方保安團襲擊被俘。

⑭「蘇區對文藝方面，認為暫時未能顧及」，此句中「認為暫時未能顧及」一語，《憶當年與瞿秋白的一段問答》作：「認為暫難顧及」。

⑮胡也頻（一九〇三—一九三一），「左聯五烈士」之一。丁玲（一九〇四—一九八六），左聯作家。此時丁玲也被國民黨當局關押軟禁在南京。

⑯毛澤覃（一九〇五—一九三五），湖南湘潭縣韶山沖人，毛澤東三弟。時任中央蘇區分局委員、紅軍獨立師師長、閩贛軍區司令員。一九三五年四月二十六日，在江西瑞金紅林山區被國民黨軍包圍，突圍時陣亡。

⑰即瞿純白。

⑱方志敏（一八九九－一九三五），時任中共紅十軍團軍政委員會主席。一九三四年冬率領先頭部隊向北突圍；一九三五年一月二十九日被國民黨軍隊俘獲，八月六日在南昌槍決。在獄中著有《可愛的中國》、《清貧》等散文回憶作品。其文稿祕密傳出，送到上海交給魯迅托人保存。

⑲記者採訪瞿秋白前兩日，六月二日蔣介石已下令就地槍決，只是尚未宣佈執行，因此瞿秋白以為有可能押往南京。

⑳即《未成稿目錄》中所列《讀者言》、《痕跡》兩本。

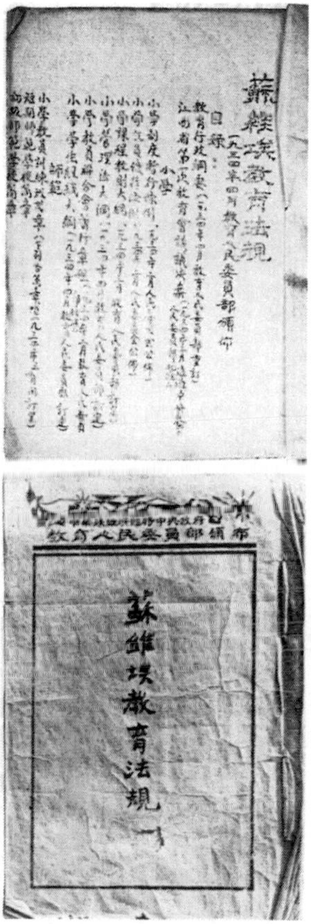
蘇維埃教育法規
目錄
教育人民委員部頒佈
蘇維埃教育法規 一

瞿秋白在江西蘇區主持制定的《蘇維埃教育法規》

勸降問答錄①

（一九三五年六月九日——十四日）

九日上午，在三十六師師部「談話室」進行首次談話

三十六師參謀長向賢矩（對瞿秋白）說：這是不遠千里由京來汀挽救你的中央要員，望你好自為之。

王傲夫（王傑夫）：蔣委員長、陳部長對瞿先生的真才實學，尤其精通蘇俄國情，至為愛惜，只要瞿先生為國效勞，過去的事可以不加追究。我奉命由南京趕到長汀，就是來挽救瞿先生的。

瞿秋白：謝謝你替我帶來親友的信，[2]遠道來「挽救」我，但我聽不進去，有負盛意，

奈何！

王：你的問題，你自己沒有興趣考慮，你的朋友，你的親戚和家屬，倒希望你好好的加以考慮。你可不能使他們失望啊。

瞿：我自己的問題，從來由自己考慮，不勞朋友親戚甚至家屬來考慮。特別是政治問題，過去是我自己考慮，現在不可能也無必要戚友代勞。

王：瞿先生是當代名人，在共產黨內威信很高，聲望很大。不過現在中共已臨末路，瞿先生若能識時務轉變方針，為國盡力，前途未可限量啊！

瞿：當前國家，民族存亡的關鍵是抗日。日寇亡我東北，現又入侵華北、膠東，你們不去抵抗，卻在這裡空喊為國盡力，前途何以之有？

陳建中：黨國方針「攘外必先安內」，亦即先平定叛亂，統一國內，然後一致對外。現共軍西竄，已臨覆滅，國內統一局面已成，因而特派我們前來爭取你共同抗日。

瞿：內未安，內不安，這是事實。但是，國內安不了就不要攘外了嗎？不要抗日了，讓華北繼東北而淪亡嗎？不！歷史事實證明：凡是對外越屈辱，就會引起越來越多的人的不滿，這也就是你們認為的「內憂」，越來越大的「內憂」。因此你們所謂的「安內」實際上是對愛國力量的摧殘、鎮壓，敵人的侵略就會越加猖狂，這難道不是常理嗎？王先生，你是東北人，你對故鄉淪亡的感受，總該比我深刻一些吧？

王：我對東北淪亡體會至深，有時夜深人靜，常揮淚自勉，立志報仇。多年來，中樞當局對內力求統一，對外忍辱負重，用心良苦，現統一局勢漸已形成，對外抵抗定將步步加強。

瞿：多年來，你們所謂的對內力求統一，對外忍辱負重，實際上就是要把抗日的武裝消滅掉，把抗日的組織解散掉，把人民抗日的熱情壓下去，讓日寇肆無忌憚地蹂躪中華！對於你們的這種亡國滅族的做法，廣大不願做奴隸的人民是絕不會答應的。

錢永健：瞿先生關心國事，令人欽佩！不過，今天我們初次見面，還是敘敘家常吧！

王：時間晌午了，瞿先生請休息休息，我們下午再談。

當日下午二時半開始第二輪談話，談話室備有茶點、香煙。

王：閩西平定，共軍西竄，浙贛鐵路暢通無阻，東南諸省一片升平景象，社會各行各業欣欣向榮，京滬市場繁榮活躍，……

瞿：東北四省早已淪亡，淞滬賣國協定墨蹟未乾，華北、山東又危在旦夕，外患方盈，虧你們還說得出什麼「升平」，什麼「繁榮」！

王：少談國事，少談國事。你想家嗎？瞿先生！

瞿：你想家嗎？王先生，你是東北人，東北淪陷，家破人亡何止萬千，你的家料想也難保全。日寇在淞滬侵略戰爭中，又使多少人家破人亡，我就有不少同志，親友遭到不幸。古語云「國破家何在？」談家常焉能不涉國事！

王：何必如此嚴聲正色……京滬朋友都很關心瞿先生的身體和安全。這次我從上海帶交的兩封信，每封信都代表了許多關心瞿先生安全的心意。

陳：自從瞿先生被捕的消息傳到京滬，許多親友，甚至許多青年為瞿先生的安全擔心，有的還向「中央」呈意見書，要求予以「考慮的機會」。

王：瞿先生是明事理，通世故的智者，只要從長計議，自己也有極其光明的前途。

瞿：夠了！我絕不作這樣的考慮，更不願聽你們這樣、那樣的「教言」！

王：瞿先生懷念親友，感情上難免不好過，請好好休息，今天就談到這裡吧！

十一日上午約八時開始

王：瞿先生貴體可好一些？

瞿：沒什麼，我的身體一向如此！

錢：聽說瞿先生很喜歡汀州家釀，讓我們來喝喝酒，聊聊天。

王：宋師長替我們佈置了這樣窗明几淨的房間，又特備了濃茶美點，醇厚佳釀，來一碗吧！「酒逢知己千杯少！」

瞿：「話不投機半句多！」

錢：我們不是談得很投機嗎？

瞿：國民黨與共產黨怎能相互投機？

王：瞿先生，喝一碗吧，我們祝你做當代的俊傑！

瞿：好吧，乾一杯吧！你們要談，那就談下去吧。王先生，我要請教你，什麼是「時務」，什麼是「俊傑」？

王：善於觀察和分析當前世界的事物，特別是善於處理自己的前途，象瞿先生這樣真才實學的人，就是會識「時務」。

瞿：照王先生的邏輯，我做了你們的俘虜，投降你們，求免一死，替你們辦不可告人的事，就是識「時務」，就是「俊傑」嘍！

王：瞿先生，我們是看重你，並不把你當俘虜。瞿先生要識「時務」，認清當前大勢，珍惜自己生命，愛惜自己前途，爭取當個「俊傑」。

瞿：好，你們要談「時務」，那就談吧！本世紀初，蘇聯十月革命成功，震撼了世界，動搖了資本主義，為被壓迫、被剝削的人民作出了榜樣。從此，世界共產主義蓬勃發展，中國自從一九二一年建立共產黨以來，對中國革命作出了巨大貢獻。革命的果實雖然被你們國民黨所篡奪，但我們共產黨仍拋頭顱，灑熱血，前仆後繼，為中國人民的生存和幸福作鬥爭。自東北淪亡，日寇魔爪伸入華北，全國垂危！有志之士正揭竿而起，奔走呼號，如尚有人性天良的當權者，應該准許並積極發動和組織人民，捍衛國土抵禦外侮。這就是當代世界大勢，當前中國的時務。

王：瞿先生說的道理很對，不過作為你自己來說，為要替國家民族作一番事業，必須珍惜自己的生命，為自己的生存作打算，只有有了生命，然後才可徐圖向當局條陳意見，實現你的宏圖宿願。

瞿：凡是認清了當前時務，為國家的獨立，民族的自由而鬥爭的人，無論是成功或失敗，都不愧為當代的俊傑！終使失去了生命，雖死猶生，千千萬萬的人，將繼承他的遺志，前仆後繼，鬥爭至功成，死又何足惜耶？

錢：瞿先生說得太累了，讓我們再乾　碗吧！

陳：這樣的敘談，雖然是有益的，但我總覺得離題太遠，無濟於事。

瞿：當然，除了喝酒之外，我同你們談話是無濟於事的，是不會達到你們的目的的！

王：今天我們各自暢抒己見，有助於相互瞭解。瞿先生累了吧？下次再談吧。

十二日上午八時半在同一「談話室」開始審訊

王：幾天的「談話」，沒有結果，今天正式審問你。……本人奉中央之命，專程來到長汀，規勸你放棄共產黨，歸順中央，這是對你寬大為懷，你考慮了沒有？

瞿：沒有考慮。

王：你對政府的優待、挽救無動於衷嗎？對你親友的規勸、希望也都不顧嗎？

瞿：沒有什麼好說的。

王：你只有三十幾歲，就這樣頑固，不願活下去嗎？

瞿：如果一個人只有軀殼，沒有靈魂，那麼活著不如死去！

王：老實告訴你，這次共軍西竄途中，中共大部委員均已被捕，他們的地位不比你重要，但已認清大勢，——投降了，你何必這樣頑固呢？

瞿：古語云：「朝聞道，夕死可也。」我不僅聞了共產主義世界大同之道，而且還看到這個道正越來越多地為人民所擁護，千千萬萬人正在為它灑熱血、拋頭顱，不管遭受多大的犧牲，多少次的失敗，總有一天會在中國，在全世界成功的。我瞿秋白縱然一死，又何足惜哉！

王：你這樣頑冥不靈，不是硬把自己的前途和生命葬送了嗎？

瞿：葬在土裡，會變成肥料，促進樹木開花結果！

王：你這樣不識抬舉，就不要怪法律無情！

瞿：我從不考慮在你們的法律上求得寬恕，更不懂得什麼抬舉不抬舉！

錢：你這樣頑固不化，有孚眾望，但我們貫徹中央挽救的初衷，仍然給你再次考慮的機會。

王：下午再來問你，你好好考慮吧！

當日下午二時半繼續談話

王：朋友親屬關心你，中央挽救你，也是愛惜你的才學，才派我們遠道而來。哪料到同你談了好幾天，你無動於衷乎？

瞿：王先生、錢先生，謝謝你們的好意。我問你們，這種關心和陷害有什麼區別？我知道，你也知道，事實上沒有附有條件是不會允許我生存下去。這條件就是要我喪失人性而生存。我相信，凡是真正關心我、愛護我的親友家屬，特別是吾妻楊之華，也不會同意這樣毀滅的生存。這樣的生存只會長期給她帶來恥辱和痛苦。楊之華不僅不要我叛黨而生，她將為我的死而益增鬥志。

王：我有一個假設，假設瞿先生不幸犧牲了，你瞿先生是希望中共中央為你舉行盛大的追悼會吧？

瞿：我死則死耳，你何必談什麼追悼會?!

十三日上午的談話

王：我們一向關心瞿先生的身體，許多中央委員，凡是認識瞿先生的，無一不希望瞿先生能認清大勢，從速抉擇，改弦更轍，這樣可以馬上到京郊休息療養。果夫、立夫都關心你，中央一再為挽救你，特派我們專程前來勸你，希望你能放棄那為國民所不容的非法活動，爭取為黨國效勞。

瞿：難道國民黨的一切活動都是合法的嗎？拱手送東北四省給日本，讓日本入侵華北，簽訂賣國的淞滬協定，不准人民抗日，消滅抗日武裝，難道一切都是合法的嗎？

錢：近幾年紅軍所實行的殺人放火政策，料想瞿先生是不會贊成的，這樣的破壞總不能說是合法的吧？

瞿：殺人放火的不是共產黨，而是國民黨，是你們的委員長，是你們在「四・一二」背信棄義，實行了大屠殺，是你們在江西的所謂「圍剿」中實行了燒光、搶光、殺光的政策。你們的白色恐怖，絕不能壓服人民，你們欠下的血債，總有一天是要償還的！

王：瞿先生，你這一席話，雖然我完全不能同意，可是你有許多話是出於誤解，也有許多話是出於愛國熱情，這些是可以理解的。不過，當今中共在江西浩大的蘇區尚無法立足，西竄到那赤貧的山區，還談得到什麼作為呢？

陳：紅軍西竄，路過那不毛之地，已全軍覆沒了！

瞿：你們講這些話的目的，無非是要我相信北上抗日的紅軍早已被消滅，從而使我對中國革命失去信心，投降你們，為你們效勞。但是你們的伎倆是騙不了人的，我從你們言談的矛盾裡，已經知道了紅軍西征北上的成功！

當日下午，一邊對弈，一邊談話

王：瞿先生：生命是寶貴的，一個人只有一次生命，你是不是願意活著？

瞿：生命是寶貴的，一個人是只有一次生命，我願意活著，但是——

王：但是什麼？往下說吧，我們會照你的意見考慮著辦的。

瞿：但是你們要我活著，是要我當你們的傀儡，供你們驅策，與其這樣的活著，還不如死掉的好！

王：我們不要你當傀儡。瞿先生，我們從南京到長汀來，因為你是一個非凡的人才，你的中文特別是俄文程度在中國是數一數二，你生存下去，可以作翻譯工作，翻些托洛茨基最近有關批判聯共的著作，這對你來說是輕而易舉……

瞿：我對俄文固然懂得一些，譯一點高爾基等文學作品，自己覺得還可以勝任。我與托匪毫無共同語言，他的謬論，我看也看不下去，哪裡說得上翻譯呢？③

王：給你再一次考慮吧，如果你願意生存？

瞿：我被捕失去了自由，又要剝奪我的靈魂，利用我的軀殼，這沒什麼考慮的！

十四日下午，在三十六師師部花廳審訊

陳：瞿先生，你是去香港轉向上海，你打算在香港住什麼地方？有什麼關係？到上海又打算住什麼地方？有什麼關係？

瞿秋白沒有回答。

王：請你說明中共中央過去發動過幾次暴動？如南昌暴動、秋收暴動、廣州暴動，這個責任你瞿先生要不要負責任？

瞿：這些暴動都是中央發動的，發動這些革命運動的責任，在中央方面，我當然負責任。

王：中共中央和紅軍都西上了，江西等地的善後潛伏計劃，你當然知道一些的，請談一談。

瞿拒絕回答。

王：瞿先生，我們決定明天就離開長汀回到南京。你是不是在我們走以前，最後表示你的真正態度。我們同你的親友一樣誠心地挽救你，愛惜你的才學。

瞿：勞了你們遠道而來，幾天來費盡心機和口舌。我的態度，昨天都談得一清二楚，任何改變都是不可能的！

錢：你要識大體，最近中共殘部流竄而去，只餘下幾個小股，很快就要肅清，中國已經空前統一，中共窮途末路，大勢已去。「識時務者為俊傑」，你為什麼這樣頑固迷信？我看瞿先生還是從速考慮吧！

王：你如果決心生存下去，不一定叫你作公開的反共工作。你可以擔任大學教授，也可以化名做編譯工作，保證你不作公開反共。④瞿先生，你學識淵博，現在正是國家用人之際，所以我們為國家愛惜你的生命。瞿先生，你不看顧順章轉變後，南京對他的優待。他殺人如麻，中央都不追究嘛！

瞿：我不是顧順章，我是瞿秋白。你認為他這樣做是識時務，我情願做一個不識時務的笨拙的人，不願做個出賣靈魂的識時務者！

編注：

①瞿秋白被俘後，國民黨中央組織部中統局即對瞿極力勸降。一九三五年五月二十二日國民黨中央組織部致電駐閩綏靖公署：「派陳建中同志來閩與瞿匪秋白談話。」二十五日再致電：「加派王儆夫同志偕同陳建中同志與瞿等談話。」王儆夫（又名王傑夫）是中統局訓練科科長，陳建中是中統局行動科幹事；另加上福建省黨部秘書、調查室主任錢永健，中統局福建龍岩區調查室主任朱培璜，組成以國民黨中央黨部特派福建黨務視察委員王儆夫為首的對瞿勸降工作組。從六月九日至十四日王儆夫等人與瞿秋白進行了九次談話。本篇「勸降問答錄」是根據《瞿秋白年譜長編》（姚守中、馬光仁、耿易編著，江蘇人民出版社一九九三年版）及王觀泉《一個人和一個時代——瞿秋白傳》、陳鐵健《從書生到領袖——瞿秋白》這幾本書所引檔案材料輯錄而成。

②王傑夫當時打開皮包取出兩封信交給瞿秋白，說是「從上海帶來的親友的親筆信」。

③此句《從書生到領袖——瞿秋白》所引材料作：「如果譯托洛茨基反對聯共的著作就狗屁不通了！」

④「文化大革命」中出版的《瞿秋白批判集》裡所引錄的勸降問答中引有這樣一句：「第五次，王傑夫對瞿秋白說：『你如決心生存下去，不一定叫你作反共工作，可以擔任大學教授，或者像顧建中一樣，做行政財務、鐵路鹽務等專業工作，或者作編譯工作，也可以用化名，你不願作反共工作，保證你不公開反共。』」（見該書第三十八頁）關於王傑夫等說要瞿秋白做編譯事，《瞿秋白年譜新編》（周永祥編著）轉引的材料裡有這樣一句話：「他們對瞿秋白說：『國民黨中央組織部調查科要設立一個編譯局，要你參加工作』。」

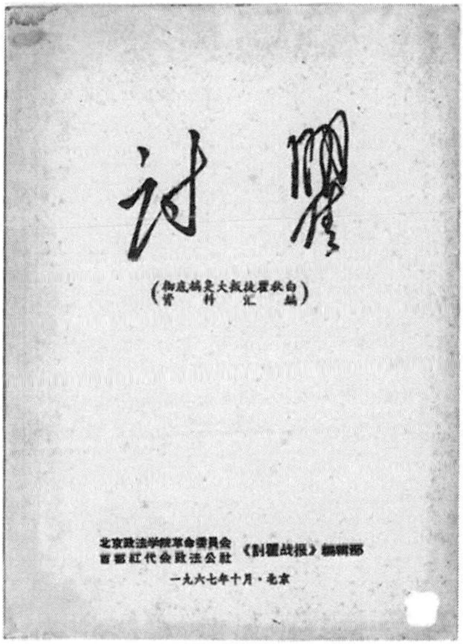

左：「文化大革命」時期印行的批判「大叛徒」瞿秋白資料集
右：此集內翻印有《瞿秋白訪問記》

三、被俘審訊資料

陶峙岳致蔣鼎文電①

……據萬匪永誠②之妻供稱，矛[瞿]秋白、何叔衡及項英之妻③，均在灌[濯]田被我軍俘獲。

（原刊一九三五年四月二十日《福建民報》）

編注：

①國民黨第八師師長陶峙岳獲悉瞿秋白等被俘後急電稟報國民黨駐閩綏靖公署主任、東路軍總指揮蔣鼎文。此電當時在《福建民報》上披露。

②萬永誠（一八九八—一九三五）　曾任江西蘇區中華蘇維埃共和國中央執行委員。紅軍主力突圍之後留閩贛邊境打游擊，任中共福建省委書記兼福建軍區政委。當時瞿秋白、何叔衡、周月林以及項英之妻張亮一行撤離至福建境內後即由福建省委負責安排護送。一九三五年四月十日萬永誠在福建

武平與國民黨圍剿部隊交火時身亡，其妻何氏被俘虜。當時新聞報導稱：赤共閩省書記之妻投誠，供出匪魁瞿秋白之身分。

③ 項英之妻張亮，被俘後供稱周蓮玉，為香菇客商老婆，被赤匪綁票勒贖。

一九三五年二月二十四日瞿秋白等在長汀縣小徑村附近山中被俘

鍾紹葵致李默庵呈文①

……二月二十四日，職率五個中隊搜剿汀江兩岸散匪，二十五日宿營水口，二十六日午，據當地民眾報告，水口以下五里許之露潭有匪百餘渡河，職令第二大隊長李玉率特務三中隊前往圍剿，迨我軍追到，該匪已渡過露潭以東約五里之高山，據險頑抗，我軍分三面攻擊約半小時，匪不支，即滿山逃竄，我軍即從事搜山，即俘匪十餘名，瞿秋白、周月林②、張亮等要匪於是役俘獲……

編注：

① 一九三五年四月十日中共福建省委書記萬永誠妻子何氏被陶峙岳第八師俘獲後供出瞿秋白等人已在濯田被俘之事，福建綏靖公署主任蔣鼎文即電令在被俘紅軍中追查。此份呈文是福建地方武裝保安十四團團長鍾紹葵接到命令後向國民黨福建龍岩綏靖區司令李默庵送上的圍捕紅軍轉移人員及俘獲

瞿秋白等人經過的報告。此文引自姚守中、馬光仁、耿易：《瞿秋白年譜長編》（江蘇人民出版社一九九三年版）。

鍾紹葵（一九〇一－一九三八），原為政府當局收編之地方武裝（土匪）頭目。國民黨圍剿紅軍時任福建省保安第十四團團長。因其俘獲當時正被通緝的中共要人瞿秋白得賞記功，被授予少將軍銜並送南京中央陸軍軍官學校將校班受訓。一九三八年四月國民黨福建省當局因忌其擴充地方武裝勢力，將其誘至長汀逮捕槍決。

② 梁柏台妻子周月林，曾任江西蘇區政府中央執行委員、蘇維埃國家醫院院長，被俘後供稱陳秀英、紅軍護士。身分暴露後被判處十年徒刑。抗戰爆發後於一九三七年十月獲得保釋。

鍾紹葵致宋希濂密電①

（一九三五年五月四日）

……職部在水口俘獲男匪林祺祥一名，經派傳達二名由船解汀，到否乞電示。近查該匪有云似系瞿秋白，乞嚴訊。女犯周蓮玉已供系項英之妻，陳秀英據俘匪稱似系梁柏台之妻，刻仍在審查中。該二犯擬於魚日②連同俘獲槍械派員解送龍岩區司令部訊辦。……

編注：

① 一九三五年五月四日福建保安十四團團長鍾紹葵密電報告國民黨三十六師師長宋希濂已遵命將瞿秋白押送長汀師部。此電轉引自周永祥：《瞿秋白年譜新編》（學林出版社一九九二年版）。

② 即六日（五月六日）。

瞿秋白獄中談話原刊雜誌《國聞周報》書影

鍾紹葵致李默庵密電①

……查職團長汀水口之役，俘獲男匪一名，女匪周蓮玉、陳秀英二名，一再審查，林祺祥似系瞿秋白化名，奉宋師長電令，既陷日②解送長汀訊辦，周蓮玉經俘虜指認系項英之妻，該匪亦已供認不諱，陳秀英言語狡黠，據俘虜兵雲，似是梁柏台之妻，茲僅將該女匪周蓮玉、陳秀英二名連同口供解送鈞部……

編注：

①這是鍾紹葵奉命查獲瞿秋白等人確實已被俘，在押解途中致龍岩綏靖區司令李默庵密電，時間約在五月六日至八日間。此電引自姚守中、馬光仁、耿易：《瞿秋白年譜長編》（江蘇人民出版社一九九三年版）。

②即卅日（四月三十日）。

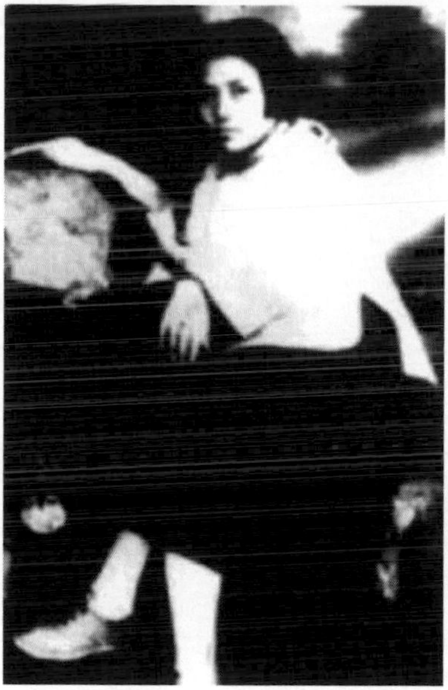

項英之妻張亮
被俘後被判處十年徒刑。一九三七年十月與周月林一同被保釋。一九三八年六月輾轉抵達延安，將獄中出生的兒子（項阿毛，後名項學成）託付黨組織。此後即去向不明。一說張到延安後接受審查時被康生專案組定為叛徒處死。

鍾紹葵呈汪精衛、蔣介石邀功請賞電[1]

（一九三五年五月十四日）

南京中央黨部、國民政府行政院長汪、軍委會委員長蔣鈞鑒：職團於上月有日[2]派隊游擊長汀屬之水口尚潭，俘獲赤匪偽中央政府副主席項英之妻名張亮、偽中央執委兼婦女部長周月林（即偽中委梁柏台妻）、偽中委總書記兼教育人民委員會主席瞿秋白等要匪三名。俘獲時曾經鞫訊，乃張亮偽供周蓮玉，周月林初則偽稱陳秀英，一再研訊又偽供黃秀英，瞿秋白化名為林琪祥。嗣經俘獲匪兵指認，確系張亮、周月林、瞿秋白後，該匪始無詞狡辯，供認不諱。共供同行之偽中央委員何叔衡一名，亦於是役被我軍擊中要害斃命等供在案。查該匪等前經鈞部明令懸緝有案，[3]除瞿秋白一名奉駐汀三十六師宋師長希濂電令解長汀研訊；其張亮、周月林二名奉駐閩第二綏靖區李司令默庵電令解龍岩研訊外，理合將俘獲匪首情形電報鈞部察核備案，並乞查案給賞，借資鼓勵。福建省保安第十四團長鍾紹葵，寒④叩。

編注：

① 此電文轉錄自陳鐵健著《從書生到領袖——瞿秋白》一書（上海人民出版社一九九七年重印本）。

② 上月有日　指四月二十五日，實應為四月二十三日午夜二十四日淩晨間。瞿秋白《記憶中的日期》：「二月二十三　抵福建汀州之水口被鍾紹葵團俘」。

③ 一九三一年九月國民黨中央執行委員會下達密令，重金懸賞通緝瞿秋白、周恩來、陳紹禹、沈澤民、張聞天等七人。所擬定懸賞金額為：瞿秋白、周恩來各兩萬元，其餘各一萬元。

④ 即五月十四日。五月二十五日國民政府行政院長汪精衛批文：「復電嘉獎，並交軍政部查案給獎」（參見《從書生到領袖——瞿秋白》，第四百七十七頁）。

編者按

據鍾紹葵邀功請賞電及以上所致宋希濂、李默庵的密電，可以證明，儘管中共福建省委書記萬永誠之妻何氏被抓後供出了瞿秋白等在圍剿時已經被國民黨軍隊俘獲之事，但張亮、周月林、瞿秋白等雖經「韃訊」及「一再研訊」仍未招供承認身分，直到經被俘「匪兵」指認之後他們才徹底暴露。二十年之後，倖存者周月林竟於一九五五年肅反運動中以出賣瞿秋白之罪名遭公安機關逮捕，關押十年後於一九六五年判處徒刑十一年。一九七九年平反冤假錯案時期，周月林再次提出申訴，十一月十五日北京市高級人民法院經過複審宣佈：「原判認定周月林出賣我黨領導人瞿秋白的罪行，證據不足，不予認定……故原審法院以反革命判刑不當，應予糾正。據此，本院判決如下：一，撤銷北京市中級人民法院一九六五年十二月二十四日（六五）中刑反字三一〇號判決；二，宣告周月林無罪。」（轉引自王觀泉《一個人和一個時代——瞿秋白傳》，六百三十二頁注①；陳剛《走近周月林》，中國文聯出版社二〇〇七年版）

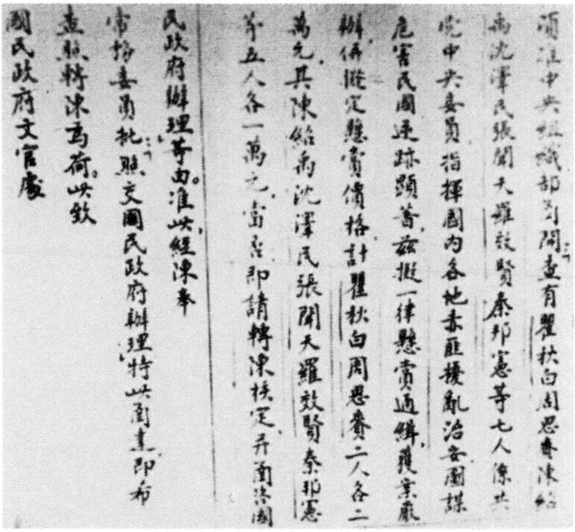
頃准中央組織部函開查有瞿秋白周恩來陳紹禹沈澤民張聞天羅登賢秦邦憲等七人係共黨中央委員指揮國內各地赤匪擾亂治安圖謀危害民國迹跡顯著茲擬一律懸賞通緝獲案歸辦俾擬定懸賞價格計瞿秋白周恩來二人各二萬元其陳紹禹沈澤民張聞天羅登賢秦邦憲等五人各一萬元當即請轉陳核定并函請國民政府辦理等由准此經陳奉常務委員批照文國民政府辦理特此函達即希查照轉陳為荷此致國民政府文官處

一九三一年九月國民黨中央執行委員會密令重金懸賞緝拿瞿秋白、周恩來、陳紹禹等七人。擬定懸賞金額瞿秋白、周恩來二人各兩萬元，其餘各一萬元。

審訊記①

（一九三五年五月十日）

軍法官②：林祺祥，恐怕你是冒供的吧？

林祺祥：回法官的話，我絕對不敢來冒供的。

軍法官：你還敢說是不冒供，為什麼人家都說你是瞿秋白呢？

林祺祥：有什麼證據沒有？

軍法官：當然有的是證據。

林祺祥：有什麼證據？

軍法官：民國十六年，我親在武漢聽過你的演說，現在你還不承認嗎？

林祺祥：我從來沒有到過武漢，又那裡來的演說呢？

軍法官：告訴你，你還是老老實實的承認了吧。
林祺祥：明明我是林祺祥，為什麼硬說我是瞿秋白呢？
軍法官：你真的不承認嗎？
林祺祥：我根本不認識瞿秋白，叫我那裡去承認啊！
軍法官：帶林大頭[3]。

（林大頭上）

軍法官：你認識他嗎？
林大頭：他是我們的教育人民委員瞿秋白。
軍法官：瞿秋白，你現在還有什麼話好說？
瞿秋白：既然被你們認出了，話是沒有什麼好說的。
軍法官：明明你是瞿秋白，為什麼來冒供林祺祥呢？
瞿秋白：過去的呈文[4]，供述，算我是做了一篇小說。
軍法官：近來匪區中的狀況，以及朱毛西竄的計劃，當然你是知道的。
瞿秋白：知道是知道，不過現在我的精神，實在是太疲倦了，待我身體稍微舒服的時候，我很想以書面，來告訴你們一個明白的。[5]（退庭）

當年設在福建省長汀縣龍山書院的宋希濂第三十六師師部舊址

編注：

①瞿秋白真實身分暴露之後被押至長汀縣第三十六師師部，為最後證實其身分，立即組織了軍法審訊。趙庸夫《關於瞿秋白之種種》一文後附錄了此次審訊的記錄略稿（載一九三七年《逸經》第三十四期），即本篇《審訊記》（「審訊記」題下所標記日期為本書編者所加）。

②軍法官　國民黨軍宋希濂第三十六師軍法處處長吳淞濤。

③林大頭　當時紅軍中被俘的一伙夫。

④瞿秋白未暴露身分之前，於一九三五年三月九日和四月十五日兩次向鍾紹葵保安團呈文要求假釋。趙庸夫《關於瞿秋白之種種》：「瞿上鐘團之呈文有云：『北京大學醫藥學系畢業，民國二十年赴漳訪友，後不幸被匪擄去……如蒙開釋，當效忠黨國，滅此殺人放火慘無人道之赤匪』等語，……瞿二次上呈懇予假釋云：『……滬信至今不至，恐吾友遷往別處，或來信中途失落，亦未可知……肯准暫予釋出，住在城內，絕不逃走，如我有什麼嫌疑，可以隨傳隨到。』」（見《逸經》第三十四期）

⑤《關於瞿秋白之種種》：「汀州獄中的筆供，瞿開頭就這樣的說：『我已經成了你們的俘虜，照例應有一篇供詞。』（文長四千餘字，首段敘在滬之生活狀況，中段敘剛到匪區之感想，末為匪區政治的設施，及其對偽政府之鼓吹，因而不便發表。）」

蔣介石處決電令①

（一九三五年六月二日）

龍溪綏署蔣主任②：寒巳法電悉。成密。瞿匪秋白即在閩就地槍決，照相呈驗。中正。冬行息③字印。

編注：

①此電轉錄自《從書生到領袖——瞿秋白》（第五百零四頁）。

②蔣主任　即蔣鼎文（一八九六—一九七四）。蔣時任國民黨駐閩綏靖公署主任，轄福州、建甌、漳州、龍岩四個綏靖區。

③此處決令於一九三五年六月二日下達，因國民黨中統局已於五月下旬特派勸降工作組前往汀州做勸降工作即延緩執行，勸降失敗後於六月十八日執刑。

宋希濂三十六師師部關押瞿秋白之囚室，《多餘的話》即寫於此。

宋希濂呈李默庵行刑電①

青密。瞿匪秋白已於本日②上午十時遵令執行槍決。除將該匪照片及處理經過各情另外呈報外，謹先電聞。職宋希濂叩。巧午（印）。

編注：

①此執刑電轉引自《從書生到領袖——瞿秋白》（第五百零六頁）。

②即一九三五年六月十八日。

《中央日報》消息

宋希濂呈蔣鼎文執刑電①

綏靖主任蔣：有未法電敬悉。靖密。瞿匪秋白臨刑前及槍決後之照片各兩張，及在杭之自供一份，呈報一份，[2]在汀之口供一份，自供一份，[3]《多餘的話》一份，「蘇維埃組織概要」一份，及《未成稿之目錄》一份，已遵於感日密封郵呈，乞察核為禱。職宋希濂叩。感申（印）。

編注：

① 這是宋希濂執刑後於一九三五年六月二十七日呈報國民黨駐閩綏靖公署主任蔣鼎文密電。轉錄自陳鐵健《導讀：書生革命者的悲劇情懷——外曲內直燭照心靈的〈多餘的話〉》一文。

② 瞿秋白被俘時身分未暴露，當時化名林祺祥，於一九三五年三月九日在上杭獄中所寫「自供」稱：「……北京大學醫藥學系畢業，民國二十年赴漳訪友，後不幸被匪擄去。如蒙開釋，當效忠黨國，滅此殺人放火慘無人道之赤匪。文書勝任，足敢自負。擔任醫藥上士，絕不至於屍位。」又於四

月十五日寫的「呈文」中要求假釋：「……身體孱弱，積年肺病，……獄中困頓，又多侵蝕其體力，……現覺日就衰憊，手足乏力，頭暈眼眩，時發潮熱，穢氣薰蒸，似饑似飽，似此久羈不決，勢將瘐斃……滬信至今不至，恐吾友遷往別處，或來信中途失落，亦未可知。肯准暫予釋出，住在城內，絕不逃走，如我有什麼嫌疑，可以隨傳隨到。」（引自《瞿秋白批判集．附錄：瞿秋白的兩封求饒信》、《從書生到領袖——瞿秋白》）

③見本書所收《供詞》。《逸經》雜誌載《關於瞿秋白之種種》一文裡說瞿秋白供詞「文長四千餘字，首段敘在滬之生活狀況，中段述剛到匪區之感想，末為匪區政治的設施，及其對偽政府之鼓吹，因而不便發表。」

畢命前之一剎那①

民國二十四年六月十八日晨，聞瞿之末日已臨，筆者隨往獄中視之，及至其臥室，見瞿正在揮毫，書寫絕句：

一九三五年六月十七晚，夢行小徑中，夕陽明滅，寒流流咽，如置身仙境，翌日讀唐人詩，忽見『夕陽明滅亂山中』句，因集句得偶成一首：

夕陽明滅亂山中，（韋應物）②
落葉寒泉聽不窮；（郎士元）
已忍伶俜十年事，（杜甫）
心持半偈萬緣空。（郎士元）

書畢而畢命之令已下，逐解至中山公園。瞿信步行至亭前，見珍饌一席，美酒一甕，列於亭之中央，乃獨坐其上，自斟自飲，談笑自若，神色無異，酒半乃言曰：「人公餘稍憩，為小快樂；夜間安睡，為大快樂；辭世長逝，為真快樂。」[③] 繼而高唱國際歌，酒畢徐步赴刑場，前後軍士押送，空間極為嚴肅。經過街衢之口，見一瞎眼乞丐，猶回顧視，似有所感。既至刑場，自請仰臥受刑，態度仍極從容，槍聲一鳴，瞿遂長辭人世。憶其在獄時，常以文墨自遣，所作「眼底煙雲過盡時，正我逍遙處。」[④] 此非詞讖，乃獄中言志耳。

編注：

① 這是瞿秋白受刑當天的記者報導，原發表報刊待查；後來各地報刊所發消息多據此篇報導轉載。本篇錄自一九三七年《逸經》雜誌第三十四期所刊《關於瞿秋白之種種》一文之附錄。

② 參見本書《獄中詩詞〈偶成〉》注釋。

③《多餘的話》「告別」一節中表露了同樣的心情：「我早已感覺到萬分的厭倦。……我當時覺著，不管全宇宙的毀滅不毀滅，不管革命還是反革命等等，我只要休息，休息，休息!!好了，現在已經有了『永久休息』的機會。」「我時常說：感覺到十年二十年沒有睡覺似的疲勞，現在可以得到永久的『偉大的』可愛的睡眠了。」

④ 此系瞿秋白獄中所作贈陳炎冰《卜算子》中詩句。「眼底煙雲」原作「眼底雲煙」。

瞿秋白畢命紀①

【汀州通信】瞿秋白系共黨首要，過去共黨所謂盲動時期，如廣州、南昌、萍鄉之暴動，實其領導，本年三月中旬，於長汀水口地方被保安十四團鍾紹葵部將其俘虜，當時瞿猶變名為林祺祥，拘禁月餘，莫能辨認，後呈解汀州，經三十六師軍法處反復質證，彼乃坦然承諾，毫不避諱，於是優予待遇，另辟閉室，時過兩月有餘，毫無訊息。今晨忽聞，瞿之末日已臨，登時可信可疑，終於不知是否確實，記者為好奇心所驅使，趨前叩詢，至其臥室，見瞿正大揮毫筆，書寫絕句，其文曰：

一九三五年六月十七日晚夢行小徑中，夕陽明滅寒流出咽，如置身仙境。翌日讀唐人詩，忽見「夕陽明滅亂山中」句，因集句得《偶成》一首：

夕陽明滅亂流[山]中，（韋應物）
落葉寒泉聽不窮；（朗士元）
已忍伶俜十年事，（杜甫）
心持半偈萬緣空。（朗士元）

方欲提筆錄出，而畢命之令已下，甚可念也。秋白曾有句「眼底煙雲過盡時，正我逍遙處」，此非「詞讖」，乃獄中言志耳。

書畢乃至中山公園，全園為之寂靜，鳥雀停息呻吟，信步行至亭前，已見菲菜四碟，美酒一甕，彼獨坐其上，自斟自飲，談笑自若，神色無異。酒半乃言曰：「人之公餘稍憩，為小快樂；夜間安眠，為大快樂；辭世長逝，為真快樂。」繼而高唱國際歌，以打破沉默之空氣，酒畢徐步赴刑場，前後衛士護送，空間極為嚴肅，經過街衢之口，見一瞎眼乞丐，彼猶回首顧視，似有所感也。既至刑場，彼自請仰臥受刑，槍聲一發，瞿遂長辭人世矣！

（平寫於十八日午刻）

編注：

①這篇通訊當系根據《畢命前之一剎那》一文轉載報導，原載一九三五年七月五日天津《大公報》，記者署名：平。原刊中明顯的排誤，這裡已直接訂正。

瞿秋白畢命紀

實監察使署公佈
巡迴監察規則
周利生即將赴保工作

瞿秋白遺像

關東軍

美考察團

羅皚嵐作

一九三五年七月五日天津《大公報》刊登瞿秋白被槍決消息

瞿秋白伏法記①

臨刑前晚夢行山徑中　絕筆詩一首並有序文

【長汀通訊】赤匪偽中委兼教育部長瞿秋白，自經三十六師俘獲後，囚押長汀該師師部，為時已屆月餘，待遇頗優，為辟特別囚室居之。瞿嗜煙酒，每日可罄一瓶，煙捲亦時不離手。記者前曾往訪兩次，見其均伏案寫文章或刊圖章。所寫小冊一本，題為《多餘的話》頗多幽憤語。好作詩詞，有《憶內》、《感懷》、《自嘲》等篇，內集唐人句多首。所刻圖章，不下六十餘顆，字跡古雅。瞿面目清癯，身體瘦弱，頭部神經系頗發達。獄中衣青衣青褲，儼若商人裝束。談吐甚文雅，不失書生面目。記者曾與作下列之談話——

問：瞿先生此次被俘，有何感想？

答：余生平奔走革命甚忙，亟思作一度小休息，今得入獄，乃意料中事。

問：此次赤匪失敗，以瞿先生之觀察，究敗在何點？

答：此次失敗，純系國軍採行三分軍事七分政治政策之成功；其他修碉堡、築馬路、物資封鎖等，亦陷赤區於困難。

問：瞿先生之夫人楊之華女士，現在何處？有無通訊？

答：余去年二月間，由滬入閩，楊原擬偕行，後因病不果。今年上海方面環境惡劣，祕密組織破獲無餘，恐伊亦已作階下囚矣。

問：瞿先生此後個人方面，有無改變？

答：余究屬文人，生平性好文學，此後亦甚願多多翻譯文學書籍。

問：瞿先生對偽共產主義，有何感想？

瞿笑而不答，取酒自飲。記者知其不願有所表示，始興辭而出。

六月十五日，瞿至新生活俱樂部②閱報，衛士緊侍其側，復見記者，頷頭為禮，且笑容可掬，隨翻閱報章甚忙，記者未與談話。十七日，奉中央電令，著將瞿就地槍決。翌日（十八日）晨八時，特務連連長廖祥光，即親至獄中促瞿至中山公園照相，瞿欣然隨之。

照相畢，廖連長示以命令，瞿頷頭作豪語：「死是人生最大的休息。」廖連長詢以有無遺語留下，瞿答：「余尚有詩一首未錄出。」當即復返囚室，取筆書詩一首，並序如下：

「一九三五年六月十七日晚，夢行山徑中，夕陽明滅，寒流幽咽，如置身仙境。翌日，讀唐人詩，忽見『夕陽明滅亂山中』句，因集句得《偶成》一首：『夕陽明滅亂山中，落葉寒泉聽不同；已忍伶俜十年事，心持半偈萬緣空。』方要錄出，而畢命之令已下，甚可念也。秋白曾有句：『眼底煙雲過盡時，正我逍遙處。』此非詞讖，乃獄中言志耳。」③

末署秋白絕筆。書畢，復步行中山公園，在園中涼亭內飲白乾酒一斤，談笑自如，並唱俄文《國際歌》及紅軍歌各一闋。聲音顫抖，幾不可辨。歌畢，始緩步赴刑場，手持煙捲，態度鎮靜。及至刑場盤坐草地上，尚點頭微笑。俄頃，砰然一聲，飲彈而殞矣。其時觀者塞途，群情稱快。茲錄罪狀如下：

「為宣佈罪狀事，查匪首瞿秋白，自民十年在俄國莫斯科加入共產匪黨後，即為該黨工作。民十二年，被派回國，加入本黨，深蓄陰謀，希圖匪化全國，甘作第三國際之走狗。民十六年，我國國民革命軍底定武漢以後，該匪之陰謀，益行暴露。本黨領袖，始以毅然之手段宣言反共。是時該匪主持匪黨政治最高領導機關之偽中央政治局，因見陰謀不遂，乃倡導盲動主義，主張以土匪式之行動，奪取政權，因此豫鄂湘粵贛皖等省之無知良民，在其壓迫威脅之下，無辜就戮者以十萬計，而各省遭受共匪殘暴燒殺之浩劫，亦於茲以起。民十七年，該匪重赴俄國，充中國共產匪黨代表。民十九年回國，仍充偽中央委員，在滬潛匿辦理對贛匪接濟事宜。去年一月，又潛入瑞金，充匪黨偽教育人民委員，企圖匪化贛閩兩省之兒童，以為其根據地。去年八月，匪軍大部西竄，該匪留駐瑞金鄉間，組偽中央辦事處，指揮閩贛各地殘匪，繼續騷擾。今年二月，因我軍搜剿，知不可為，始欲過滬活動。二月二十日，於水口附近，被我軍所擒。初猶冒林祺祥，企圖蒙混，以冀開釋；次經嚴訊，始供不諱。總之，凡民十六年以後各地共匪之行動，悉由於該匪所嗾使，以贛皖閩粵湘鄂豫川等省之生命財產，直接間接，受該匪之殺戮損毀者，不可以數計，其罪大惡極，已不容誅。尤以該匪等之陰謀搗亂，致使我政府不能不先事安內，為民除害。因此為□□□□，□□□□，更為國家民族千古之罪人，實啖其肉寢其皮，不足以充其罪。所幸該匪等之殘暴伎倆，已為國人所共見，世人所不容，是以數年以來，經我軍民之努力圍剿，大部以告殲滅，尤以該匪被擒，共匪失其領導，殘孽自易肅清。茲經本部電呈軍事委員會委員長蔣請示，奉冬孚電開：『瞿秋白在閩槍決照相呈驗』等因，奉此。除驗明該匪正身綁赴刑場執行槍決照相呈報外，合行佈告，俾眾周知。此布。匪首瞿秋白，三十八歲，江蘇常州人。」

編注：

① 此篇為一九三五年七月五日《申報》刊載「汀州通訊」所報導的瞿秋白被槍決的消息。

② 新生活俱樂部 指國民黨第三十六師師部新生活俱樂部圖書閱覽室。當時國民黨軍隊內根據「新生活運動」指示建立有新生活俱樂部，以加強封建奴化教育。

③ 此段詩序，從「方要錄出，而畢命之令已下」一句起，至結尾「乃獄中言志耳」，包括「秋白絕筆」字樣均非瞿秋白文字，《申報》轉錄時將汀州通訊記者所發感慨誤解為瞿秋白詩序文字。

一九三五年七月五日《申報》所刊瞿秋白仰臥受刑遺體照片

〔附錄〕瞿秋白絕筆詩①

周楠本

一九三五年七月五日上海《申報》刊登了一篇瞿秋白被槍決經過的「長汀通訊」《瞿秋白伏法記》，文中寫道：

十七日，奉中央電令，著將瞿就地槍決。翌日（十八日）晨八時，特務連連長廖祥光，即親至獄中促瞿至中山公園照相，瞿欣然隨之。照相畢，廖連長示以命令，瞿領頭作豪語：「死是人生最大的休息。」廖連長詢以有無遺語留下，瞿答：「余尚有詩一首尚未錄出。」當即復返囚室，取筆書詩一首，並序如下：「一九三五年六月十七日晚，夢行山徑中，夕陽明滅，寒流幽咽，如置身仙境。

翌日，讀唐人詩，忽見『夕陽明滅亂山中』句，因集句得《偶成》一首：『夕陽明滅亂山中，落葉寒泉聽不同；已忍伶俜十年事，心持半偈萬緣空。』方要錄出，而畢命之令已下，甚可念也。秋白曾有句：『眼底煙雲過盡時，正我逍遙處。』此非詞讖，乃獄中言志耳。」

末署秋白絕筆。……

這篇通訊有著明顯的演繹色調或疑點，應是輾轉傳抄的消息而非來自記者親臨現場的報導，如該文說特務連長接到命令將瞿秋白押赴刑場，照相之後，向他示以槍決命令，但後來又將瞿秋白解回囚室，瞿取筆書詩一首後卻寫道，「方要錄出，而畢命之令已下，甚可念也。」這似乎表明瞿秋白作詩時尚不知行刑時間已到，當他正要將詩錄出時才向他宣佈槍決令的，這就與前面所說「照相畢，廖連長示以命令」相互抵觸矛盾；並且，特務連長不過是一個下級軍官，在押送死囚去刑場途中他是不可能擅自將犯人再帶回牢房的。此篇通訊所述瞿秋白臨刑時情形與其他史料記載多有不符之處，特別是該文還將瞿秋白絕筆詩與原通訊記者所寫的文字攪混在一起了，即文中所謂「方欲錄出，而畢命之令已下，甚可念也。……此非詞讖，乃獄中言志耳」這一段話，當做了瞿秋白絕筆詩的跋語了，其實這只是記者對瞿秋白集句所發的感歎，並非詩人自己的表白，根本談不到什麼「獄中言志」。現在我們若核實一下瞿秋白的這首七絕《偶成》並不難，在《申報》刊登這篇通訊的同一天，天津《大公報》上也刊發了一篇「汀州通信」，題作《瞿秋白畢命紀》，關於瞿秋白獄中絕筆詩是這樣記述的：

今晨忽聞，瞿之末日已臨，登時可信可疑，終於不知是否確實，記者為好奇心所驅使，趨前叩詢，至其臥室，見瞿正大揮毫筆，書寫絕句，其文曰：

一九三五年六月十七日晚夢行小徑中，夕陽明滅[，]寒流出咽，如置身仙境。翌日讀唐人詩，忽見「夕陽明滅亂山中」句，因集句得《偶成》一首：

夕陽明滅亂流[山]中，（韋應物）
落葉寒泉聽不窮；（朗士元）
已忍伶俜十年事，（杜甫）
心持半偈萬緣空。（朗士元）

方欲提筆錄出，而畢命之令已下，甚可念也。秋白半[曾]有句「眼底煙雲過盡時，正我逍遙處」，此非「詞讖」，乃獄中言志耳。

《大公報》上所載瞿秋白遺詩之後的文字，即「方欲提筆錄出，而畢命之令已下，……」這一段，是另起一行寫的，瞿秋白遺文與記者文字並不混淆，不過行文上確實也不夠清楚，看來天津《大公報》所載也不是第一手資料，瞿秋白被槍決的消息應該還有更近真實的報導。一九三七年《逸經》雜誌第三十四期上刊載了一篇題為《關於瞿秋白之種種》的文章，此文本身並沒有提供什麼資料，但文後的附錄卻很有史料價值，其中一篇正是瞿秋白就刑當時的現場報導，因文字很簡明，茲錄全文如下：

畢命前之一剎那

民國二十四年六月十八日晨，聞瞿之末日已臨，筆者隨往獄中視之，及至其臥室，見瞿正在揮毫，書寫絕句：「一九三五年六月十七晚，夢行小徑中，夕陽明滅，寒流流咽，如置身仙境，翌日讀唐人詩，忽見『夕陽明滅亂山中』句，因集句得偶成一首：

夕陽明滅亂山中，（韋應物）落葉寒泉聽不窮；（郎士元）

已忍伶俜十年事，（杜甫）心持半偈萬緣空。（郎士元）」

書畢而畢命之令已下，遂解至中山公園。瞿信步行至亭前，見珍饌一席，美酒一甕，列於亭之中央，乃獨坐其上，自斟自飲，談笑自若，神色無異，酒半乃言曰：「人公餘稍憩，為小快樂；夜間安睡，為大快樂；辭世長逝，為真快樂。」繼而高唱國際歌，酒畢徐步赴刑場，前後軍士押送，空間極為嚴肅。經過街衢之口，見一瞎眼乞丐，猶回顧視，似有所感。既至刑場，自請仰臥受刑，態度仍極從容，槍聲一鳴，瞿遂長辭人世。憶其在獄時，常以文墨自遣，所作「眼底煙雲過盡時，正我逍遙處。」此非詞讖，乃獄中言志耳。

這篇報導說「民國二十四年六月十八日晨，聞瞿之末日已臨，筆者隨往獄中視之，……」可知這位記者當時親臨現場，是他本人目睹了瞿秋白從容赴刑場的情形之後寫下了這篇《畢命前之一剎那》通訊稿的。這應該是最原始的「汀州通信」、「長汀通訊」了。

這篇通訊稿行文層次非常清楚，並且所錄瞿秋白揮毫書寫的絕句及詩序是用引號標出，讀者決不至於將引文之外的「書畢而畢命之令已下，遂解至中山公園。瞿信步行至亭前，……」這一段記者所描寫的話誤讀為瞿秋白詩的「題跋」的，更不會將文末記者的感慨：「憶其在獄時，常以文墨自遣，所作『眼底煙雲過盡時，正我逍遙處。』此非詞讖，乃獄中言志耳。」誤為瞿秋白絕筆的。

可是後來上海《申報》轉述這個消息時，顯然是想把它當作自己的獨家新聞，結果畫蛇添足出了大差錯，而且以訛傳訛，延誤至今。九十年代出版的幾本具有代表性的瞿秋白傳及年譜，就是依據《申報》所載也將記者所發的一番議論誤作詩的「題跋」了。《博覽群書》二〇一一年第七期上登有一篇《瞿秋白絕命詩〈偶成〉新解》，該文特別指出：「今見的該詩前有『緣起』，後有『題跋』」，「這首詩以及其『緣起』、『題跋』，完成於秋白遇難的當天早晨」。此文所依據的也是《申報》。

目前的《瞿秋白文集》（文學編）尚未收錄這篇遺詩，如果今後收入這篇遺作很有必要認真核定；就是個別詞句也得做一番校訂，如「夕陽明滅，寒流流咽」，一作「夕陽明滅，寒流出咽」，又作「夕陽明滅，寒流幽咽」；「落葉寒泉聽不窮」，《申報》作「落葉寒泉聽不同」。這些異文都是應該斟酌校訂的。

《畢命前之一剎那》結尾說：「憶其在獄時，常以文墨自遣，……」說明這位記者在瞿秋白被關押期間曾經去牢房探訪過他，還見到他在獄中「常以文墨自遣」。文中所引兩句自我消遣之作，是出自他獄中所作《卜算子》，全句是：

卜算子

寂寞此人間，
且喜身無主，
眼底雲煙過盡時，
正我逍遙處。

花落知春殘，
一任風和雨，
信是明年春再來，
應有香如故。

這首詞以及另外兩首獄中之作，瞿秋白錄出後特贈給為他看病的國民黨第三十六師軍醫陳炎冰。陳在二十年代北伐時期本來是中共黨員，對這位中共領袖人物他自然抱有十分同情之心。

通訊記者在報導中描述了瞿秋白赴刑場前在汀州中山公園的亭子裡用刑餐時情形：

他自斟自飲，談笑自若，神色無異，酒半乃言曰：「人公餘稍憩，為小快樂；夜間安睡，為大快樂；辭世長逝，為真快樂。」這應是記者記下的受難者最後的遺言。瞿此時的心境在《多餘的話》中能得到印證：「我早已感覺到萬分的厭倦。……我當時覺著，不管全宇宙的毀滅不毀滅，不管革命還是反革命等等，我只要休息，休息，休息!!好了，現在已經有了『永久休息』的機會。」「我時常說：感覺到十年二十年沒有睡覺似的疲勞，現在可以得到永久的『偉大的』可愛的睡眠了。」瞿秋白赴刑場時所留遺言，正如《申報》文中所說是「頷頭作豪語」，絲毫沒有流露《多餘的話》裡的消沉情緒。他曾自問：「如果人有靈魂的話，何必要這個軀殼！但是，如果沒有的話，這個軀殼又有什麼用處？」應該說他是以犧牲來證明他更願留住自己的靈魂，雖然是一個苦痛而困惑的靈魂。

編注：

①此文原載廣東花城出版社《隨筆》雜誌二〇一二年第一期。

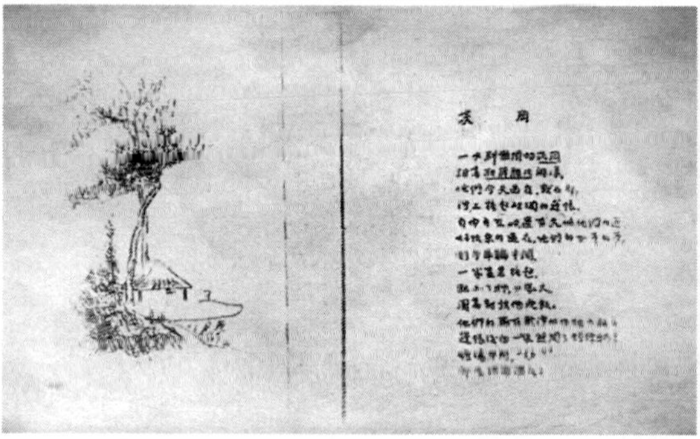

左：瞿秋白譯普希金《茨岡》手跡
右：瞿秋白遺譯《茨岡》單行本於一九四〇年上海萬葉書店出版

四、參考文獻

在中共中央政治局擴大會議上的報告

——關於「共產國際十月來信」的報告[①]（一九三〇年十一月二十二日）

我現在根據收集主要文件的材料來作一報告。

在總行委[②]時，立三同志在八三會議[③]的發言與對於實際工作的布置，確有路線的不同，值得嚴重的注意；這一嚴重錯誤在三全會已糾正其錯誤，並且在工作布置中亦已加以糾正，就是特別指出過去「左傾」的錯誤。不過在三全會時沒有更深刻的揭露立三同志的錯誤路線，指出非列寧主義的路線，這確是很大的缺點。這樣可以使不明了過去錯誤的根源在那裡。在當時少山[④]的報告與我的結論，僅指出策略上的與某部分的錯誤，因此，對原則上路線上的問題就隱蔽起來了。現在國際的來信[⑤]，很深刻的指出，我們必須加以切實的討論。為要更明了這一錯誤，必須根本指出其根源的所在。但同時必須指出，我們對這一問題討論後的態度。現在黨內已有些分子[⑥]，他們站在小資產階級意識上，站在個人的問題上來反對過去路線，來指出錯誤，如果是這樣，就不能鞏固黨、幫助黨，反而使黨對於錯誤的糾正發生障礙。因此，黨必須在正確的態度上、立場上制止此等分子的活動；同時，我們決不能因此就把我們現在的中心問題移轉到反對這些個別分子，或者更壞的是因為反對這些個別分子而模糊了認識過去錯誤和立三路線的實質。這是在我未報告前所要首先說明的。我的報告分為下列幾部分：

1. 立三路線如何違反列寧主義？
2. 具體的錯誤部分在那裡？指出三全會的缺點。
3. 具體的指出黨內問題和兩條戰線的鬥爭。

I. 國際來信說，立三是反列寧主義的與違背國際路線的，我們不僅接受國際的指示，還應追求其為什麼？在八一會議⑦時作了成立總行委工作的決定，八三會議更指出總行委是為總同盟罷工的指揮機關，指導全國暴動的最高指揮部。但我們在三全會時指出，總行委僅是組織上的錯誤，沒有深切去了解和指出八三會議總行委的精神，是布置全國武暴的最高指揮機關。八三會議中首先說武漢暴動後如何進行全國武暴，如廣東、北方、滿洲如何做，韓國如何做，西北如何做，雲南、貴州亦如何做，在這一精神下布置暴動，接下說蘇聯應如何積極準備進攻，並說蘇聯如果不積極準備進攻，即不能掀動全世界革命，不能完成其偉大建設，而且說，須勇敢的向蘇聯建議，要在軍事上、國際動員上來號召，在保護中國革命的口號上來動員全世界無產階級，並且要內蒙如何發表宣言，出兵參加中國革命戰爭。以下更指出如何加強南方局、北方局的工作。因為在這樣精神下布置工作，所以對國際來電的糾正，很勇敢的當時竟說國際不了解中國革命發展的速度；同時歸咎少山同志的右傾等等，為要充實其理論，更說中國工人與西歐工人不同，——中國特別例外：

第一，立三並說革命政權的成立，即社會主義轉變的開始；第二，中國革命的爆發而引起全世界最後階級的決戰。他的意思是中國革命只能在「全世界範圍之內」，只能在社會主義革命之中去解決自己的任務。他雖批評右傾機會主義對帝國主義的恐懼，但他實際上是自己也害怕帝國主義，不相信中國無產階級的力量，所以在他的文章中說，如果「沒有世界革命的勝利，也決不能保障中國革命勝利的持續」，這一結論，就是托氏主義[8]的結論了。

這一理論可以說是發狂的小資產階級的意識，預先估量著中國革命必然失敗的拚命主義，國際指出其實質與其根源，是非常正確的。

在三全會時，確沒有將他這「左傾」的路線深刻的揭露出來，我們雖都曾看過這許多文件，但對於立三的路線，在南京暴動、鎮江暴動等等問題上都沒有深刻的加以揭露，這確是很大的缺點和錯誤。現在我們必須指出和揭發出來，以便全黨明了，以教育全黨。我們應指出階級對比的力量，如農民在土地革命中的力量，工人在領導上的力量如何，使明了在革命中階級的對比力量，而不致如立三小資產階級的幻想。立三固然在三全會時對各個問題承認了錯誤，但實際上並沒有承認在路線上的錯誤。因此使他不會真正充分了解他自己的錯誤，因為他只承認或了解對估量速度的不正確，甚至不是估量階級力量對比的不正確。關於這一點，即國際代表在三全會發言時亦沒有充分抓緊這一路線問題的重心。

總起來，在第一部分中，立三在他的理論系統上確走到了類似托派的理論，而違反了列寧主義。他不信任工人的力量，不信任中國革命力量而堅持爭取首先的勝利。因此，結果是可以取消我們在革命領導的前途，表面上雖說是掀動全世界的革命勝利，但實際上反取消了中國的勝利。

第二，更明顯的走到托洛茨基的道路上去的是革命轉變問題，因此，在鄂代會的決議中、六月十一決議以及八月十五日的宣言[9]中，都含有這一精神。其次在土地政綱中，亦有這不正確精神的存在。所以得到的結論，在不可能中去想出不可能的辦法（如集體農場等），不在實際的力量中去求解答，而走到「左傾」的機會主義空談的道路上去，過去托派以及以前的撤回派[10]都是如此。所以，國際指出這一點非常的正確。但三全會不能完全將它揭露出來，確是非常的不足，而有調和態度的遺毒。

II.具體的事實，在路線的內容說：

第一，不平衡問題。在八一會議上，表面上是承認不平衡，他指出特點說，因為（1）帝國主義的勢力，（2）軍閥的割據，（3）農民戰爭。但他的解釋，並沒有拿來做實際工作布置上的根據，沒有在爭取一省幾省首先勝利下來保障其勝利，沒有在現實中，在階級力量對比下，了解不平衡而努力求得其平衡，而是反而取消了不平衡；同時，我們對不平衡的問題更應在其他方面去揭露出來，如在七十號通告[11]中，指出了不平衡的特點，但沒有在不平衡中怎樣在這特點中加強各種力量，在進攻的策略下去求得勝利，而反是空洞的指出很快的可以平衡。隨後就走到指出不平衡是其表面，平衡是其實質，實際上是取消了不平衡。

其次，革命高潮問題，立三解釋為就是直接革命形勢，這一點在六次大會上已有爭論，而且指出僅是高漲，不知在何時將「高漲」用成為「高潮」，如果說在全國革命形勢下，才有一省數省首先勝利，實際上就是取消這前途。因此在表面上之承認不平衡，但實際上是離開這立場。

第三，力量的現實的估計，無論在反革命方面和工農方面都沒有深刻的去注意。對於反革命力量的估計，對於策略上是有很大的關係。（有人說上海是只可做做職工運動，不好做革命運動，這是當時的「西北學說」，在此地我們要說對於「西北學說」，一向沒有明顯的指出其機會主義的實質，這已經是錯誤。同時，立三卻又因怕受「西北學說」的批評，而避免任何革命根據地的建立的任務，走到不要鞏固陣地，絕對不要對帝國主義用應付手段，絕對不要準備自己的力量。立三對於反革命力量的估計，是非常輕視，對於革命力量卻則有誇大的估計，在幾個給國際的電中，很明顯的可以看出。對於工人運動方面亦是如此，因此，在實際工作與事實上，雖然他迫得不能不承認工人鬥爭在農民之後，但他說這僅是表面上的不平衡，只要白色恐怖一去，即可不成問題，因此他就不注意工農力量與反革命力量的現實對比，而誇大了自己的力量，所以他就敢說只要一個大城市偉大鬥爭起來，即可以掀動全國革命的「高潮」。少山同志當初對他的批評，以為這僅是一個可能，這是把策略建築在僅僅一個可能之上的錯誤，這一批評還是不對，因為實際上這完全是不可能（這我在三全會的政治委員會說的）。這由於立三沒有在實際上、組織上的力量來估計，而只是企圖和幻想在世界革命中「趁火打劫」的辦法。

第四，對於組織力量問題，立三有一個極危險的傾向，他固然說要加強主觀力量，但如何去加強，他就模糊了，因此，他就提出他的理論，說中國工人對武暴的認識與西歐工人不同；同時，他對於組織工人大多數的意見，他又說：中國組織大多數只有兩個可能，一個是在資產階級統治穩定的時候，一個是在我們專政的時候，除此以外，是不可能的。因此，對於組織加強問題，在這觀念下就放鬆了。立三對組織觀念，自七十號通告中的發言中，以及各個會議中的發言，總是不大注意，同怡怡與少山同志每次都注意到組織上的問題相反。因為立三有這思想，所以事實上對團的組織的取消，而且對黨的組織亦走向取消了。

在實際工作中發生什麼現象呢？到處都布置暴動，但忽視群眾日常鬥爭，無疑的在實際上是取消真正的準備暴動，這一影響是很大的。例如四川來人的談話（他是沒有看見六月十一的決議，僅看見七十號的通告），他們的現象即使自己的同志很少，他們主要的精神，不在去發動群眾鬥爭，而是同樣的說暴動，一切都是用兵變打到武漢再說，什麼土地問題等都不談。陝西的黨亦以為革命「高潮」到來了，亦是到處布置暴動，此外，山西、河南都是如此，長江局甚至定出時間，順直省委[12]則甚至以為如果布置暴動是錯誤，則要求改組省委。南京暴動的經過我不十分知道，但決定鎮江暴動時，亦是在不可能條件下估計。這許多事實，很明顯的是放棄了現實，放棄了群眾的冒險。在城市裡的布置，亦是一步一步離開正確路線，放棄經濟鬥爭，而空喊政治罷工。去年在六十號通告[13]中是切實的注意經濟鬥爭，在七十號通告中已有離開經濟鬥爭的注意，因此，在工廠中的工作受到很大的損失——黨的發展、赤色群眾發展等。因此，在任何群眾鬥爭中，有可能領導到為蘇維埃政權鬥爭的政治鬥爭，而在實際工作中是放棄了。在兵士中亦有這現象，而有以下兩方面的錯誤：㈠（1）放棄了鬥爭而等待大暴動，（2）在兵士中不及待的發動而受到破壞。至於集中武裝問題，雖然在赤區內大半是沒有看見六月十一日的決議，但對於機械的執行集中武裝的決定已受到影響，如在湘東報告中，執行集中一切武裝，結果，不保留群眾中的武裝，後因接到中央九月的指示才糾正。至於一切經濟政策的混亂等等，雖然不是直接受立三路線的影響，但在蘇代會⑭中，因僅去注意擴大紅軍向外發展為中心，而沒有注意到鞏固根據地，因此，不能在一切問題上去充實這擴大的策略；同時，正因為如此，所以毛澤東的沒收一切土地的不正確精神，始終得不到有力的糾正，以為只要打倒武漢，社會主義革命就來了，一切土地反正快要沒收的。所以在事實上還是受到他很多影響的。

因為立三路線的發展，所以在實際工作中確使黨的正確路線受其路線的侵入而遭受著很多的損失。

帝國主義問題，亦是如此，一方面以為絕不能妥協，但另一方面並沒有注意在實力上來動員群眾力量來反帝國主義，這一影響直到現在，還是得不到多少糾正的成效。主要的根源，亦是以為革命很快的就可成功，一切都可得到總的解決，小的問題不要緊，所以各地對反帝工作就因之放鬆，而等待革命成功時總的解決了。過去反帝策略上犯有很大的錯誤，亦就是沒有注意現實鬥爭的廣大發動，反而站在表面上的空喊「絕不妥協」，結果自然走到機會主義的道路上去。

這部分的問題，同志們對事實上的了解，要比我多，當然有更多的事實可以揭露出來，三全會上對於這些雖然指出一些，但是沒有指出路線問題，因此，對這些具體錯誤〔認識〕也不深刻。還須在每一事實上更加具體的來揭露，使在具體的事實上更加明了顯著。

III.黨內鬥爭方法問題，對這問題，我回國後曾與特生、柏山⑮諸同志談過一些，自六次大會後，即指出黨內鬥爭應在思想上作不調和不妥協的無情鬥爭，這是非常重要的。然而在執行的成績很少，並且仍然有意無意的走到嚴厲的命令式的單純組織上制裁上去，這一方式，是否與立三路線有聯繫？可以說與他的路線有聯繫的。因為立三是在「客觀上自然發展中去爭取領導」，不是爭取群眾的路線，因此，對於黨內的問題，亦在這影響下而忽視了黨內民主的執行，和真正政治上的鞏固路線。在黨的歷史上，對於集體的系統的指導，命令主義、懲辦制度是有較多的毒素。雖然在八七會議後，在國際的指導下有了糾正，在六次大會後，更有成績，但還是不能說已很充分，因此，客觀上還有諸葛亮式的革命領導觀念，在黨的組織上還不能肅清許多非無產階級的組織觀念，這是需要我們特別注意的。

在六次大會後，將小集團的方式和觀念打擊了，但仍還有存在，因此，許多小組織傾向的分子遂在反對委派制度等等問題上來反對黨；但另一方面，命令主義的殘餘亦尚有存在，這一點必須我們在黨內鬥爭上應加注意的。

黨對同志的處分如不適當，很易失去黨的威信，如果適當，是很能幫助黨的鞏固，因此，處分不得其當，反可使小組織的分子運用之來作反黨的機會，所以必須加以嚴重的注意。我以為黨內鬥爭，應採取新的方針，在思想上堅決的不調和，再以組織上的鬥爭繼之。對目前消沉的原因，我們固然要指出，主要的是建築在右傾的基礎上，但同時亦應指出另一來源，是由於過去「左傾」空談的結果。因此，對於一貫右傾的分子，固然應加以制裁，我們要反對「退卻」路線的右傾機會主義，同時要揭穿「左傾」空喊的帽子，揭去之後的這種消極基礎，要對於「左傾」的空喊，亦同樣的應給以打擊。在此地，我們必須注意對一切機會主義右傾分子以及其他傾向的分子，黨在思想上的堅決鬥爭與在組織上的制裁和處分、必須很適當的能使所有黨的幹部都了解，團結在黨的周圍來擁護黨的主張和處置，使對於有不正確傾向的分子失去對他的同情。

Ⅳ.具體的提議。

我的意思是，我們今天有很簡單的決議，使國際能很快的了解政治局的態度，並加強我們的指導。我現在已草好了一個決議草案，加以說明，以供大家討論（讀一遍）；

這一原則決定後，我們可以具體的討論。第一，陳紹禹[16]等有一提議，要求討論立三的路線，並且要求將與立三爭論經過公佈於黨，這一觀點是算舊帳的方式，而且他們在此前並沒有指出過那時有立三路線，尤其他們的整個精神是站在成見方面出發，他們提出的問題亦是在很小的問題來批評，對三全會的文件，僅在某一語句上、文字上來吹求，以為還是立三路線。這與國際信中的意思沒有相同之處；第二，沈澤民[17]的方式與精神是離開政局[18]的領導，而自由的在發展討論，他們知有國際來信，但不公開說已知國際有來信，請求政局應如何辦，反而突然的在工作會議中來提出，這可使一般同志很奇異與發生其他傾向，雖然對黨觀念比較正確的同志，表示應在中央領導下來討論，但在事實上必然使同志驚異不明，甚至可使對之作放棄加緊的執行，而影響到目前在工作上的動員。

所以我們應：1.根據決定的原則發一通告，2.對於已在發展討論的定出一個辦法，對於各方工作人員應如何召集會議做報告。

我的報告完了，還有許多問題，候第二次發言中再提到。

我的結論因大家沒有什麼不同意見，所以可以很簡單的說。

一、國際的來信和這次的討論，確有很嚴重的意義，同意於特生同志的意見，因為這一對「左傾」路線的揭發，指出是非馬克思主義的而加以糾正，是使黨更向前開步走的動力。

二、立三路線，正確的解釋，可以說是盲動冒險主義的路線，實行了「左傾」掩蓋下的機會主義。他不信任無產階級的力量，農民鬥爭的力量，而走到小資產階級的拼命主義。

對於立三路線以及個別「左傾」錯誤的調和態度，是我們在自己批評中應當堅決的提出的。這種調和態度，根源在於：1.害怕帝國主義而不去爭取實際的勝利，反而走到幻想世界革命同時爆發。2.害怕資產階級民權革命的頭銜，而走到半托洛茨基的道路上去。3.小資產階級的害怕心理，只要聽到一句激烈的話，就無條件的接受，而不在實際中去考察，切實的去爭取群眾。4.不了解工人希望暴動，一方固表現工人在目前革命危機中的鬥爭情緒，但另方確表現工人無組織現狀中沒有自信力的弱點。5.怕變到國民黨的割據名詞，只單純的擴大而不想去鞏固，因此，不但對於革命根據地的忽視，而且在工人運動中亦放鬆組織工人的任務。6.怕去臉子，因此在思想上的鬥爭就不能正確的認識自己的錯誤。

我在回國後在許多文件中，本看出很多的錯誤，但沒有注意深刻的看這問題而提出，這是很疏忽的，並且僅去注意對外發表的文件，而沒有注意這錯誤的嚴重內容，因此，對柏山的錯誤總是採取一種小資產階級的原諒態度，這是極嚴重的政治錯誤。

三、對於「左傾」確採取調和態度，如：

1. 對於中國革命與世界革命在三中全會政治決議案中第一次草案中本已指出柏山理論的錯誤，但後來遠局[19]同志隨便一勾將他勾去，我們也很隨便的沒有加以注意。

2. 轉變問題寫得非常不充分（只說柏山同志是機械的解釋），這一問題我在莫[20]時是很重視的，回國後只覺很嚴重，但因聽到少山的解釋，因此亦隨便忽視過去。

3. 高潮問題，僅改做「高漲」，而沒有去揭發立三「高漲」的「直接革命形勢之解釋只有在全國直接革命形勢之下，才能有一省幾省首先勝利的前途」的大錯誤。

這許多問題的忽視，因此遂在決議案中有的解釋和注意的不充分，自然這是包含有對「左傾」的調和觀念。

四、的確，如特生同志所說，我們應更深切的認識國際來信決不是要我們解釋到退卻，而是要在進攻的精神下有真正群眾的爭取，真正工作的建立，真正的武裝暴動的準備，一切都是很積極的。現在的消沉現象，這才是完全退卻的現象，我們必須嚴重注意這點。

五、三全會與國際路線的關係問題。對紹禹等的錯誤，除應指出正確的說他們正確外，應指出他們最大的毛病是：1.將「左傾」掩蓋右傾的一點模糊起來。而將三全會路線解釋為混合物，並且解釋為右傾，這完全不是真正站在國際路線上，國際精神上幫助中央的觀點；2.實行方面，放鬆右傾，他們只指出提到對於肅清後方一點可以減輕發動群眾的反對進攻紅軍的意見[21]，他們卻根本沒有提起消沈的現象；3.組織方法，完全是不止確的，他們的觀點，完全不是如我們所指出的一樣，在大的土要的方面去著眼，而在什麼土地、工會、經濟政策、工農方面等等某些小的地方來挑剔。這充分表現不是幫助中央，而是進攻中央，依然表現無原則的鬥爭。

六、最後一部分最土要的，如何使黨成為無產階級集體的黨，這在鬥爭方法上應注意，要使每個同志能積極的對黨建議，能使每個同志深刻的瞭解在思想上作不妥協鬥爭，這樣才能使黨更鞏固、更發展。

七、具體方面：

1. 我同意特生同志提議不發通告，發一告同志書。
2. 採取先開會議方式作報告。
3. 要在反對進攻紅軍的實際工作中如何去傳達。

4. 關於紹禹等問題政局做一單獨討論，決定辦法。
5. 關於CY一點可以加上決議去。

注釋：

①一九三〇年九月瞿秋白、周恩來遵照共產國際「七月決議」即《共產國際執委政治秘書處關於中國問題決議案》主持召開中共六屆三中全會，以解決李立三「左傾」冒險主義鬥爭策略問題。但是兩月之後，一九三〇年十一月共產國際又下達了「十月決議」，即《共產國際執行委員會關於李立三路線問題給中國共產黨中央委員會的信（一九三〇年十月）》，對李立三「左傾」冒險主義問題作出了比「七月決議」更嚴厲的處理決定，「立三路線」已定性為反馬克思主義、反列寧主義、反國際主義的反黨錯誤路線，並批評三中全會執行了「調和主義」的錯誤政策。十一月二十二日中共中央政治局立即召開會議，通過了擁護共產國際「十月來信」的補充決議案。本篇是瞿秋白在此次政治局會議上所作報告的記錄稿。這個報告一方面表示堅決擁護共產國際的新決議，糾正三中全會的「失誤」，同時對於王明集團的陰險攻擊也作了一定程度的反擊。對於這份記錄稿，瞿秋白在原件上批註：「記錄極草率，無可再整理，這只能作為不完全的記錄稿了。」原件現藏中央檔案館，無標題，《瞿秋白文集》題為：《在中共中央政治局擴大會議上的報告》。本書編者根據報告內容加了一個副標題：「關於『共產國際十月來信』的報告」。

②總行委　李立三領導的中央政治局將黨、團、工會的領導機關合併為中央行動委員會，組成為統一的暴動領導機關，這個暴動領導機關簡稱總行委。

③八三會議　一九三〇年八月三日舉行的中共中央政治局會議，通過了李立三制定的全國大暴動及紅軍總攻大城市的計劃。

④少山　周恩來化名。

⑤國際的來信　即共產國際「十月來信」。

⑥這裡說的「有些分子」是指王明、博古等。王明、博古當時都不是中共中央委員，但是他們私下從共產國際代表米夫處獲悉「十月來信」批評三中全會「調和主義」這一內情之後，立即進行徹底否定三中全會、推翻瞿秋白中央的活動。

⑦八一會議　一九三〇年八月一日李立三主持的中央政治局會議。

⑧托氏主義　托洛茨基主義。

⑨鄂代會的決議　指中共湖北省第四次代表大會決議（一九三〇・四）。

六月十一決議　指一九三〇年六月十一日中共中央政治局通過的決議案：《新的革命高潮與一省或數省的首先勝利》。

八月十五日的宣言　即《中國共產黨對於目前時局宣言》（一九三〇・八・一五）。

⑩撤回派　通譯召回派（Otzovists），也被稱為「抵制主義者」（Boycotters）。一九〇五年俄國革命失敗後，布爾什維克中一派激進分子主張抵制議會、召回國家杜馬中的黨員代表、取消合法鬥爭、採取更激烈革命手段進行鬥爭。後來即稱這一派為撤回派。列寧認為這是「來自左面的取消主義」。

⑪七十號通告　即《中央通告第七十號——目前政治形勢與黨的中心策略》（一九三〇・二・二六）。

⑫順直省委　清代北京曾稱順天府，河北稱為直隸省。中共順直省委當時領導京津、河北、山西、河南等地區地下黨工作。

⑬六十號通告　即《中央通告第六十號——執行武裝保護蘇聯的實際策略》（一九二九・十二・八）。

⑭蘇代會　指一九三〇年五月在上海舉行的全國蘇維埃代表大會。

⑮特生　向忠發（一八八〇—一九三一）化名。中共六大上被共產國際指派為中共中央總書記。一九三一年被國民黨逮捕後叛變，隨即被處決。

柏山 李立三（一八九九－一九六七）化名。當時任中共中央政治局常委兼秘書長，在其任職期間實際掌握中央最高領導權。

⑯陳紹禹（一九〇四－一九七四） 即王明，本名陳紹禹。他原為莫斯科中山大學學生，後在共產國際代表米夫支持下在中共黨內結成以其為首的宗派集團。六屆三中全會之後，借批判立三路線、調和主義之機，進行陰謀奪權活動。一九三一年一月七日米夫、王明在上海倉促召開中共六屆四中全會，改組了中共中央政治局，王明集團竊取了中共中央領導權。

⑰沈澤民（一九〇二－一九三二） 原為莫斯科中山大學學生。六屆四中全會上成為中共中央委員，任宣傳部部長。

⑱政局 指中共中央政治局。

⑲遠局 指共產國際遠東局。

⑳莫 莫斯科。

㉑記錄稿此處語句不順，其大意是：他們只指出了肅清蘇區後方隱藏的反革命分子有利於發動群眾進行反圍剿這一點意見。

中央緊急通告①

（中央通告第九十六號）

——為堅決執行國際路線反對立三路線與調和主義號召全黨

（一九三〇年十二月二十三日）

一、國際七月決議案②明顯的指示中國黨以真正發動群眾去進行革命鬥爭的進攻路線，最近國際來信③又徹底的揭發立三路線的反馬克思列寧主義反共產國際的方針和危害黨的實質，要全黨的布爾賽維克像一個人一樣，一致的團結起來實行國際的路線與反立三路線之絕不調和鬥爭。中央政治局在接受國際這一指示下，深刻的檢查自己過去的工作，認為立三路線之為害於黨已成無可爭辯的事實。立三路線之歷史的根源是在六次大會前的盲動主義的殘餘並未肅清，而組織上陳獨秀的家長制度又給立三路線的統治以組織上的保障，所以自中央七十號通告④後，經過鄂代會、蘇代會立三路線遂日益形成，到了六月十一日決議案在政治局通過，立三路線遂成為中央的路線而統治著全黨。從此直到三中全會，中央的工作是站在反國際路線之下進行盲動主義冒險主義的方針，掩蓋著實際工作中的機會主義，引導黨到消極和失敗，而加強右傾機會主義的立場的。三中全會本是為的接受國際路線而召集的，但因為站在調和主義的立場上來接受，結果使三中全會的路線仍然成為立三路線的繼續，並對立三路線加了一層保障，如說六月十一日決議案是一般的正確，中央路線在六月十一日後還是與國際一致等等；因此，三中全會對國際路線的解釋，在理論上策略上也同樣發生了許多錯誤。這樣，就使調和主義的中央所領導的全黨工作仍然在重複與繼續立三路線的錯誤。直至國際來信後，中央政治局雖承認了立三路線的錯誤，但在十一月二十五日、十二月九日兩決議案⑤中，在中央告同志書中還是保持著調和主義的態度，如首先肯定三中全會是一般的接受國際路線，後來又說根據三中全會決議，發展二十五日決議等等，這都是不能斬斷調和主義尾巴之不可容許的錯誤。中央政治局現在公開的承認這些錯誤，並暴露這些錯誤於全黨，要從錯誤的認識中來確定反立三路線，反調和主義與執行國際路線的總方針。

二、現在政治上與黨內的情形是怎樣呢？首先是紅軍蘇維埃區域在立三路線的領導之下，不去建立鞏固的根據地，不去建立和鞏固真正的工農紅軍，不去建立蘇維埃政府與實行自己的政綱，不去發動廣大群眾有步驟的爭取在湘鄂贛省區一省幾省的革命首先勝利，反而執行無後方無陣地的脫離群眾的冒進攻堅，結果造成目前蘇維埃區域整個削弱與紅軍受了嚴重打擊的形勢。⑥立三路線的指導是在布置全國武裝暴動，調和主義的三中全會雖將武裝暴動的布置取消了，但實際工作中立三路線仍舊統治著，從中央以至各地仍在空喊同盟罷工、發動農民戰爭、組織革命兵變的口號，而並未實際去真正努力組織群眾的政治經濟戰鬥，去真正發動群眾為反抗進攻紅軍擁護蘇維埃政權而鬥爭。因此，黨在群眾中的政治影響及發動群眾的能力大大削弱了，赤色工會的組織退步了，黨在黃色工會中的工作大大削弱了，群眾組織的獨立系統受著障礙了，黨漸漸脫離群眾了，黨的指導機關與黨內群眾也漸漸脫離了，青年團的轉變也就成為不可能了，廣暴紀念示威的失敗，是一個最顯明的例證與總結。在這樣的政治基礎上，黨內情形也就呈現出非常狀態，家長制度的統治，抑制了黨的自我批評，打擊了為國際路線而鬥爭的同志，尤其是中央政治局幾次反抗國際的決定和指斥，這就使最能保障正確路線執行的國際領導受到障礙，使布爾塞維克黨的生活變成了毫無生氣的官僚機關，使黨的領導走上一錯再錯的覆轍；——這是目前黨內最嚴重的危機！

三、中央政治局在了解了自己錯誤與黨內危機之後，特通告全黨執行下列的決定，以實現堅決的布爾塞維克的轉變。

1. 三中全會的決議與最近兩次補充決議及告同志書是不能領導全黨執行國際路線進行反立三路線的鬥爭的。要堅定這一鬥爭戰線來執行國際路線，只有採取非常緊急的辦法，在適合祕密條件下，產生新的政治決議來代替三中全會的一切決議。[7]在這裡，共產國際的七月決議與最近來信是黨的目前行動的根本方針。

2. 為要保障國際路線與反立三路線之絕不調和的徹底的執行，黨內應實行改造。發展黨的無產階級基礎是根本的辦法，改造各級指導機關是緊張的處置。在這裡，必須發展布爾塞維克的自下的自我批評，而反對抑制與恐懼自我批評，必須堅決執行黨內民主化而不妨礙祕密條件，必須引進積極反立三路線反調和主義的幹部、尤其是工人幹部到指導機關，必須堅決的反對以派別觀念對抗反立三路線的分子，而造成掩護立三路線的小組織行動。這樣，才能衝破家長制度、命令主義、懲辦主義、委派主義，而開展反立三路線之絕不調和的鬥爭。

3. 為要使國際路線在中國黨內得到根本的鞏固，黨現在就應開始準備七次大會，這不僅解決黨內問題，且要更進一步去解決一切政治上的根本問題，如黨綱問題等等。

4. 反立三路線的鬥爭是一長期艱苦的工作。立三路線是用「左傾」的空談，掩蓋著右傾的消極，所以反立三路線的本身便是兩條戰線的鬥爭。一切用各種形式來掩蓋在立三路線之下的企圖，黨都須予以無情的打擊，這不僅要有思想上的鬥爭，且要有組織上必要的制裁。反立三路線反調和主義，必須在執行國際路線的基礎上來真正實行實際工作中的轉變，絕對反對右傾機會主義分子將國際路線解釋成為退卻的路線，尤其要反對托陳取消派[8]利用這一時機來做破壞黨的陰謀。

全黨同志們！動員起來！要挽救目前革命進展中的部分失敗與消極，要挽救目前黨內的危機，全黨同志只有團結一致的站在這一反立三路線之絕不調和的立場上，來執行國際路線，來實現上述決定，這才能領導中國革命到新的偉大勝利。

中央

注釋：

①共產國際「十月來信」的意圖顯然並非糾正黨的鬥爭路線策略問題，而是否定三中全會領導班子，在王明集團不依不饒的進一步施壓之下，瞿秋白被迫代表中央起草並向全黨發出了這份徹底否定三中全會的《中央緊急通告》。此文收入《中共中央文件彙集》一九三〇年第三分冊，又編入《瞿秋白文集》政治理論編第七卷。

②國際七月決議案　即一九三〇年七月二十三日共產國際執行委員會政治秘書處通過的《共產國際執委政治秘書處關於中國問題決議案》。瞿秋白當時參加了這個決議案討論會，並奉命回國主持召開三中全會以解決立三路線問題。

③最近國際來信　指共產國際「十月來信」。

④中央七十號通告　立三路線文件，全名為：《中央通告第七十號——目前政治形勢與黨的中心策略》（一九三〇年二月二十六日）。

⑤十一月二十五日、十二月九日兩決議案　指《中央政治局關於最近國際來信的決議》和《中央政治局十二月九日的決議》。這是中共中央政治局根據共產國際「十月決議」所作出的補充、修正三中全會的兩個決議案。

⑥當時湘贛蘇區紅軍由於仍執行進攻南昌、九江的冒險軍事行動，不但使紅軍在軍事上遭受重創，並且於一九三〇年十一月十八日喪失了贛西南蘇維埃政治中心吉安城。為此瞿秋白曾作《吉安的取得和喪失——立三同志路線對於蘇維埃區域的影響》一文進行總結。

⑦這表明共產國際已決定改組三中全會後的中共中央政治局。

⑧托陳取消派　指當時對共產國際持批評態度的中共黨內反對派。

在中共六屆四中全會上的發言①（一九三一年一月）

我所應當說的是很多，可是會議所容許的發言時間是很少的，因此，我只能概括的說。

政治局所提出的草案②，我是完全同意。忠發同志報告又詳細的闡發草案裡某些問題的意義。忠發同志指出我特別負責以及我的錯誤：——指出這些原則性質的錯誤和路線上的問題，指出三中全會調和主義的主場和對國際代表意見的不尊重，——我負有特別主要的責任。我鄭重的向四中全會承認這種錯誤和責任。恩來同志的發言之中又指出我在莫斯科時候對於派別鬥爭的錯誤立場，以及這個和我最近錯誤的聯繫，我是完全承認的。對於這些，為著節省時間起見，我都不重複來說了。

立三路線的反共產國際反馬克思列寧主義的實質，已經有共產國際最近來信指示得很明白。三中全會以來的調和主義——正是對於這種立三路線的調和而混淆兩條路線！

發□□□[3]和立三路線，三中全會固然改變去年六月到八月期間政治局實際工作上的某幾種布置，例如，取消總行委，停止武漢暴動，上海總同盟罷工等等——然而在路線上始終是同「傳達」國際路線，「批判」立三調和錯誤——用這些應付手段來替立三路線辯護，造成一種幻想：彷彿立三路線改掉了這些「個別的部分的策略上、組織上、估量上的錯誤」之後，就已經是和共產國際的路線一致的了。三中全會決議案上還說：「六月十一日議決案有一般的正確路線。」恰好像國際來信所說：模糊混淆兩條原則上絕對相反，不能並存的路線。國際來信之後，政治局仍舊沒有一開始就深切認識到這種調和主義的差誤，經過共產國際來信所領導起來的黨員樣子的熱烈鬥爭——為國際路線鬥爭——以及國際代表的正確指導，方才澈底了解到這一點。

調和主義的主場和路線——就是三中全會的路線，當然事實上仍舊是立三路線。雖然三中全會向著國際路線方向走了一步，可是因為根本立場的沒有改變，所以他——三中全會和此後的政治局，不能領導黨實行路線上的大轉變。自然，實際工作上立三路線仍舊能夠繼續著，甚至佔著統治地位。立三路線——用「左」傾空談和冒險盲動掩蓋實際工作上的機會主義，掩蓋右傾的消極，掩蓋對於革命的現實任務完全放棄。這種路線對於中國革命和黨的損害非常之大：使黨的組織受著許多破壞，使黨脫離群眾，而更加落後，使黨對於工人鬥爭、罷工運動以及政治動員的領導能力大大削弱；使赤色職工運動向後倒退，赤色工會縮小而離開群眾，直到喪失獨立的組織；使青年運動完全取消，使我們的農民運動同樣受到大大打擊，領導力量不但不能（擴）大反而縮小，兵士工作亦然這樣；使反帝國主義運動之中黨不能得到領導，——尤其是中國革命當前的第一等任務，建立蘇維埃根據地，建設真正紅軍，完全放棄，以致於近來軍閥進攻紅軍的時候，蘇區和紅軍都已經是處於削弱的陣地上，而受到部分的失敗和損喪（吉安不能守，東固失去——這是贛西南，龍岩（閩西）、梅縣（東江）、黃金洞（平江）、公安（鄂西）、橫峰、弋陽（贛東北）——失去。紅軍的成份，工人領導、黨的領導都沒有改善和加強起來，卻受到許多損失……富農路線在蘇維埃區域不但沒有肅清，反而被「左」傾的好些過早辦法和宣傳掩蔽著而可以繼續發展，真正中農、貧農的土地革命沒有實行，平均分配一切土地受到障礙，或者簡直提都沒有提起。蘇區之中階級工會沒有，有了也不發展。甚至經濟政策之中會有「抑平工價」——不准工人增加工資的事。……所有這些機會主義的錯誤，都被「一併（？）也集中到紅軍」、「立刻大舉進攻交通要道中心城市」的冒險政策所掩蓋著。這樣，工人群眾的階級組織和鬥爭沒有發動和發展，工農群眾的武裝和鬥爭也拋棄了，無產階級和中農的聯盟受到危害了。總之，這種損失數都數不清爽。這些損失是立三路線所給的——是調和主義所不能改變挽救的。而且在一定的意義上，調和主義比立三路線更壞——因為他掩蓋著立三路線的真面目，使黨員群眾認為這種口頭上接受國際路線的調和主義，已經是國際路線了，因此，更不能清醒的看見立三政策上路線上的錯誤。

三中全會及其後的調和主義，和立三路線一樣，還加強了黨內右傾機會主義的立場，便利了取消派（托陳派）的活動。同樣，這種情形，客觀上幫助了黃色工會等等改良主義擴大了對於工人群眾的影響，幫助了反動的富農豪紳保持對於農民群眾的欺騙和作用。

這種調和主義的錯誤責任，在政治局裡面，我——秋白——是最主要的負責者。國際代表在三中全會前後勇於向我和政治局同志提出立三同志在冒險主義政策之下走向反共產國際的鬥爭的道路上去了，可是我們是反對這種意見、不尊重這種意見的，這是不可容許的對國際代表不尊重的態度。這使我們繼續自己的調和主義的錯誤到很長久的時間。

我這種錯誤是不是偶然的呢？決不是的。因為對於許多中國革命的根本問題，例如第三時期④問題，中國革命和世界革命關係的問題，中國統治階級之中各派矛盾鬥爭的觀察問題、中國政治經濟的特殊性問題（發展不平衡的問題）、中國的富農問題、中國改良主義的作用和下層統一戰線的問題、武裝暴動和爭取群眾任務的問題，我從六次大會以前直到三中全會前後，都有好些和立三同志大致相同的觀點。因此，三中全會的時候——雖然我是參加國際七月決議案的討論的，[5]雖然自以為是了解國際路線的，可是，看見了考察了立三的意見和當時政治局的路線，居然會以為這不過是個別錯誤，而不是路線上和國際不同。事實上，這證明我以前連六次大會所批評的盲動主義錯誤也是沒有了解的。立三同志的許多觀點，只是我在六次大會之前的錯誤觀點的「發揚光大」。（我當初看見立三的意見，就自然只覺得他在個別問題上，在估量時局上過分了，除去這些過分的地方，彷彿就正確了！）所以立三路線，亦可以叫他做秋白路線——以黨的歷史上的思想來源說，更正確更公平些，應當說是秋白路線。

中國革命在這一時期——一九三〇年六月到一九三一年一月，正是很緊要的困難時期。中國革命在世界經濟危機正在日益深入，世界工人運動一般的高漲，各殖民地革命運動發展的形勢之下，是到了新的高漲。中國革命鬥爭之前還擺著許多困難，帝國主義國民黨還在動員一切力量壓迫革命的蘇維埃運動，自然，在工人之中的某些落後的階層之中，還有些不了解革命運動發展的前途的，他們就會傳染著小資產階級的動搖或者拚命的情緒（這亦是動搖呵！）。黨正應當動員自己的一切力量來戰勝這些動搖，而吸引他們積極的加入鬥爭。如果這些種種式式的動搖侵入了黨的領導機關，那就是非常非常之大的危險。立三路線和調和主義在共產黨的中央領導機關不但侵入，並且可能起了一個時候的領導作用。這個危險就可想而知的了！

我現在既然認識了自己的錯誤，所以對著四中全會——對於全黨和共產國際揭發這種錯誤——懦弱的腐朽的機會主義：黨應當要把立三路線和調和主義完全肅清！每個共產黨員，要清楚的認識共產國際的路線，要堅決的實行反對階級敵人的鬥爭。所以也就要堅決的無情的反對機會主義的一切表現，反對離開共產國際路線的每一步，就算是很小的一步，反對一切種種小資產階級的動搖，因為每一步的離開，每一些兒動搖，是要被敵人利用的！

黨要肅清立三路線，就應當經常不斷的實行反對一切右傾機會主義和對於右傾的調和主義，反對實際工作上的機會主義和消極怠工，要實行反對「左」傾機會主義和對於它的調和主義，反對「左」傾空談和盲動冒險——兩條戰線上的鬥爭。右傾危險是主要的危險，這種危險是從全中國全世界革命運動的現在環境而決定的——這一點應當記著，應當集中火力反對右傾。然而，右傾分子愛掩蓋在「左」的假面具之下，必須要會揭發這種假面具。

反對立三路線和調和主義的鬥爭開始了很不久，但是這一鬥爭的過程之中，已經發現有許多不正確傾向，已經要黨看見右傾分子在假的反立三路線鬥爭的面具之下積極活動起來。黨在共產國際指導之下，必定要堅決的打碎這種企圖；同樣，要加強鬥爭，反對陳托取消派的活動和他們的暗探破壞黨的陰謀。

反對立三路線和調和主義的鬥爭——是解除立三路線的一切武裝，一切種種形式的調和、掩蔽和巧妙的手段，同樣要解除其他一切離開國際路線的傾向，過去的現在的右傾、「左」傾機會主義者的武裝。立三路線以「左」傾掩蓋機會主義的消極，決不是真正進攻的路線，而是要引導到失敗的路線。右傾機會主義者現在卻企圖曲解國際路線是退卻的路線，這只是他們自己露出狐狸尾巴——他們自己的路線是退卻的路線，是投降敵人的路線。只有國際的路線才是真正進攻的路線。只有在國際路線之下，黨能夠，而且一定能夠發動全中國廣大的革命群眾，組織他們及其重返政治鬥爭，在工人階級的領導之下，為著蘇維埃政權而鬥爭；紅軍和蘇區勞動群眾，——在衝破敵人「圍剿」的過程之中，實行布爾塞維克的組織群眾，建立蘇維埃根據地和中央政府，建設真正的紅軍。非蘇維埃區域之中在經濟鬥爭的浪潮之上，組織偉大的政治罷工和總同盟罷工，準備武裝暴動，……領導中國革命到勝利的道路上去。

注釋：

① 一九三一年一月七日共產國際代表米夫和王明在上海召開中共六屆四中全會，改組了中央政治局。瞿秋白在這次會議上被開除出去政治局，並責令作檢討發言。本篇收入《瞿秋白文集》政治理論編第七卷。

②政治局所提出的草案　指由米夫、王明起草的《中共中央六屆四中全會決議案》。

③原記錄稿此處三字字跡不清。

④第三時期　這是布哈林的社會發展理論分析，他認為當時的社會已進入資本主義發展的最後階段，即所謂第三時期。此時期資本主義已出現了總危機，無產階級與資產階級已經面臨最後的決戰。

⑤瞿秋白參加了共產國際的「七月決議」討論，並受共產國際委派回國主持召開中共六屆三中全會，遵照「七月決議」解決立三路線問題。

致共產國際執委和中共中央的信①（一九三一年一月十七日）

國際執委和中央：

四中全會的議決案指出：中國共產黨中央委員會的第三次全體會議對於反共產國際的立三路線採取調和主義的立場。恰好是模糊混淆兩條原則上不同的互相對立不能並存的路線：共產國際的路線和立三同志的路線。共產國際的代表在三中全會的前後，屢次提出立三同志在冒險主義政策之下走向反共產國際鬥爭的道路上去。可是，我和當時政治局都不贊成他這種意見。這種對於國際代表意見的不尊重的態度，更使調和主義的錯誤加重，因為當時並沒有清楚的提出不贊成的理由，而且含混的簡單的不把國際代表的意見寫入三中全會的政治決議案。這樣使當時國際代表沒有可能及時來糾正當時政治局的調和主義錯誤。四中全會指出：這種調和主義錯誤（三中全會及其後），以及對國際代表的不尊重態度的最主要的責任，是我應當負的。我對於這種指斥完完全全的接受；我對於議決案的全部，也是完完全全的擁護。

我在四中全會的發言裡面，曾經公開的對於全黨承認我的錯誤。黨在國際指導之下，經過四中全會糾正了自己的路線，解決了黨內問題——更新了黨的領導機關，將要在反對和肅清立三路線及其調和主義的鬥爭之中，在一般的兩條戰線的鬥爭之中，特別是反對現在右傾的主要危險，要將在這種布爾什維克的鬥爭，部分的也就是反對我的過去錯誤的鬥爭之中，領導工農群眾的偉大鬥爭。不但補償過去錯誤所給的許多損失（四中全會所指出的），而且引導革命到新的勝利。我必定盡我的力量參加這個鬥爭，在共產國際執委和中央的領導之下，堅決的糾正自己的錯誤，反對立三路線，反對其他一切形式的「左」右傾機會主義，及其調和主義，反對假的反立三路線鬥爭掩蓋之下的右傾及其他分子的不正確傾向和活動，[②]這些分子是在企圖把原則的鬥爭變成個人的派別的鬥爭，其結果也要走上反共產國際的道路的。

我的調和主義的錯誤不是偶然的，個別的，而是有系統的。因為我對於革命的好些根本問題，例如「第三時期」的問題，中國革命與世界革命關係的問題，中國統治階級內部各派矛盾和戰爭的觀察問題，中國政治經濟的特殊性——革命發展的不平衡問題，中國的富農問題，中國改良主義的作用和下層統一戰線的問題，武裝暴動和爭取群眾的問題——從六次大會之前直到三中全會前後，都有過好些和立三同志大同小異的觀點。因此，三中全會的時候，雖然我是參加過共產國際一九三〇年七月的中國問題的議決案的討論的，可是看見了考察了立三同志和當時政治局的意見和路線（六月十一日議決案），居然會以為這不過是個別的錯誤，而不是路線上和國際不同。這證明我以前連六次大會所批評指斥的盲動主義錯誤，也是沒有真正認識和了解的。立三同志的許多觀點，只是我在六次大會前後的錯誤觀點的「發揚光大」。我當初看見立三的意見就自然覺得他在個別問題，在估量時局上等等是過分了，除去這些過分的地方，彷彿就正確了！在這種基礎之上就發生我在三中全會前後對於反共產國際的立三路線的調和主義和對於國際代表意見的不尊重態度。

我以前的這種非布爾塞維克的立場，既然使我事實上離開共產國際的路線，所以我對於黨內派別問題的觀點也是絕對錯誤的。我在莫斯科當中國共產黨代表團的領導者的時候，對於在俄中國同志之中的派別鬥爭問題，不但沒有能夠有正確的立場幫助聯共黨的領導去取消這種派別鬥爭，反而客觀上捲入派別鬥爭的漩渦。關於這一點，共產國際執委的政治委員會已經有過決議③。可是，我對於國內黨裡面存在著同樣性質的派別觀念，仍舊是沒有能夠實行堅決的正確的鬥爭。黨內這些種種形式的小資產階級的派別觀念，都是布爾塞維克化的很大的障礙；這些派別觀念之中，有些是以工人和智識份子對立，以「實行家」和「理論家」對立，以「老」的幹部和新的幹部對立，以國內工作者和國際留學者對立；這裡包含著極壞的傾向，甚至於武斷的煽動，說國際執委的某某工作人員故意到中國黨內製造派別等等……這樣企圖把原則的鬥爭變成個人糾紛，把為著國際路線的鬥爭解釋成為派別的鬥爭，攻擊和破壞擁護國際路線的同志的信仰。對於這種派別觀念，我以前是沒有正確的和他鬥爭的。這種錯誤是非常嚴重的錯誤，是和我過去的整個的非布爾塞維克的立場聯繫著的。正因為政治立場的錯誤，所以對於這些派別觀念，不去堅決的反對，不站在布爾塞維克的立場從政治上去打碎派別成見，卻想去調和這些派別，使之互相諒解——這是市儈式的「和事老」的立場。

我現在公開對國際執委和中國全黨揭發和承認自己的錯誤——懦怯的腐朽的機會主義。

*　*　*

中國革命的這一時期（一九三〇年五月到一九三一年一月）正是很緊要的時期；中國革命在世界經濟危機正在日益深入擴大，世界工人運動一般的高漲，殖民地革命運動發展的條件之下，走到了新的高漲，而且往後更加要開展。同時，中國革命鬥爭之前擺著許多困難，帝國主義國民黨正在動員一切反動力量壓迫革命和蘇維埃運動，自然在工人之中的某些階層裡面，還有不了解革命運動發展的前途的，他們就會體現著小資產階級的動搖或者拚命的情緒。立三路線的拼命主義和他對於中國革命絕望的實質，只是小資產階級動搖的一種方式，調和主義和派別觀念，亦是這種動搖的表現——右傾機會主義公開的主張退卻和妥協，正是這種動搖的態度發展去引導的托陳取消主義的。黨的任務是要克服困難，是要肅清這些小資產階級性的動搖，動員自己的一切力量，去吸引領導廣大的勞動群眾，尤其是工人群眾來參加自覺的革命鬥爭，直到最落後的工人階層，都要這樣去爭取的。如果這些種種式式的動搖侵入了黨的領導機關，是非常之大的危險。這一路線和調和主義，在黨的領導機關裡面，不但侵入，並且有一個時期佔著了統治的地位。共產國際執委的指示，黨員群眾的積極鬥爭，得到正確的領導，方才克服這種危險。

四中全會的一切決定，保證黨能夠把立三路線和調和主義完全肅清。現在每個黨員要清楚的認識共產國際的路線，要堅決的實行反對階級敵人的鬥爭。所以也就要堅決的無情的反對機會主義的一切表現，反對離開共產國際路線的每一步——就算是最小的一步，反對一切種種小資產階級的動搖，因為每一步的離開，每一些兒的動搖，都要被敵人利用的。

黨要肅清立三路線，必須堅決的反對對立三路線的調和主義；同時亦要經常不斷的實行反對一切右傾機會主義，反對實際工作上的機會主義和消極怠工，反對「左」傾機會主義，反對「左傾」空談和盲動冒險，反對對於一切「左」右傾的調和主義；就是要實行堅決的布爾塞維克的兩條戰線上的鬥爭。右傾危險是主要的危險，這是全中國全世界革命運動的現在環境所決定的，這一點應當時時記著，應當集中火力反對右傾。然而右傾分子愛掩蓋在「左」的假面具之下，這是必須會去揭發他的。中國黨反對立三路線和調和主義的鬥爭，開始了很不久，但是這一鬥爭的過程之中，已經發現許多不正確的傾向，已經有右傾分子，以及以前的立三主義者在假的反立三路線的鬥爭掩蓋之下積極活動起來，有時更是努力在把原則的鬥爭變成個人的派別的糾紛。黨在共產國際領導之下為著國際路線而鬥爭。必須堅決的打碎這些企圖；同樣，必須加強反對陳托取消派的鬥爭，反對他們的暗探破壞黨的險謀，他們正在利用黨內的派別觀念和一切動搖進行這種陰謀呢。

立三路線的破產，我的錯誤的揭發——一切離開共產國際路線，以至反對共產國際分子的「屈服」，是共產國際和黨的勝利。這是四中全會成功的主要意義。此致

布爾塞維克的敬禮！

瞿秋白　一九三一年一月十七日

注釋：

①這封信是瞿秋白在四中全會召開後所作的書面檢查。當年曾刊載《黨的建設》第三期（一九三一年二月十五日）。後收入《瞿秋白文集》政治理論編第七卷。

②這裡所謂「假的反立三路線鬥爭」的「右傾」分子，是指何孟雄、羅章龍等當時反對四中全會的一批中共江蘇省委的成員。

③這是指一九三〇年六月《共產國際政治委員會因中國勞動大學派別鬥爭關於中共代表團行動問題決議案》。參見《多餘的話》「盲動主義和立三路線」注⑥。

聲明書①（一九三一年一月二十八日）

一、我完全拋棄自己的一切錯誤和離開國際路線的政治立場——三中至四中（全會）間之調和主義的立場，而站在共產國際路線的立場之上，擁護四中全會，在中央政治局的領導之下來為黨為革命而鬥爭。

二、反對立三路線及其調和主義的鬥爭，反對羅章龍等右派小組織及其調和主義的鬥爭，揭破並打碎立三主義者和右傾小組織的聯合企圖，是現在為著黨的布爾塞維克化及真正執行國際路線所萬分必須的。中央最近開除章龍（他發布小冊子是反革命的行動）、開除王克全②中央政治局委員及中央委員，開除王鳳飛③中央委員，警告賀昌④，對於錫根、余飛、陳郁⑤同志的要求，以及對於江蘇省委問題⑥的一切處置，我都是完完全全擁護，而且在以後黨反對立三路線，反對右派小組織、調和主義以及一切「左」右傾機會主義傾向，反對取消派及其暗探的鬥爭之中，我必定盡我的能力參加。這個經常的有系統的鬥爭開始得還不久，此後正要更加加強起來，更加深入到支部，深入到日常的實際工作之中去呢。

三、我的調和主義的錯誤，是和在莫斯科代表團對於「學生問題」的錯誤相聯繫的。當時對於莫斯科學生中反對中大支部局⑦的李劍如等同志，對於這個小組織，我採取了保護態度，以致不但不能反對派別鬥爭，反而自己陷於派別鬥爭的泥坑，這是因為我當初有過對於富農問題等的右傾機會主義的觀點，這些觀點之中有些是他們所贊成的。這種錯誤是我的非布爾塞維克的整個立場之中的一部分。現在我公開揭露和承認我立場的全部錯誤，和這種派別鬥爭的錯誤，而和他奮鬥。

中央政治局一月二十七日的決議，⑧要我寫聲明書——我在病重中不能多寫，所以只寫這一些（以前我已經寫了一封信給中央和國際執委）。

一九三一年一月二十八日

注釋：

①四中全會之後，當時任全國總工會委員長兼黨團書記、中共中央工委書記的羅章龍（一八九六—一九九五）即提出召開緊急會議成立臨時中央，並發表《力爭緊急會議反對四中全會報告大綱》小冊子。一九三一年一月二十七日王明集團中央政治局作出開除羅章龍黨籍的決定，瞿秋白也奉命寫了這篇聲討書。此文當時曾刊載《黨的建設》第三期（一九三一年二月十五日），今收入《瞿秋白文集》政治理論編第七卷。

②王克全　當時為中共中央委員、中央政治局候補委員。因積極參加羅章龍反四中全會活動，被開除黨籍。

③王鳳飛　當時為中共中央委員、中共江蘇省委委員，因參加羅章龍反對四中全會活動被開除黨籍。

④賀昌（一九〇六—一九三五）　中共第五、第六屆中央委員，四中全會被撤銷中央委員職務。以後到江西蘇區任紅軍總政治部副主任。紅軍主力長征後留蘇區游擊部隊，一九三五年春在江西會昌戰死。

⑤錫根　即徐錫根，當時是中共中央政治局候補委員，江蘇省委常委。

餘飛　當時是全國總工會黨團領導成員。

陳鬱　六屆四中全會政治局委員。

以上三人均因參加反對四中全會活動被撤銷黨內職務。

⑥江蘇省委問題　立三路線時期，由於上海的中央領導人力圖取代江蘇省委的工作，而招致江蘇省委的抵制。此事當時稱為江蘇省委問題。

⑦中大支部局　莫斯科中國共產主義勞動大學（中山大學）的黨組織，當時被中大校長米夫及王明集團所把持。

⑧中央政治局一月二十七日的決議　即中央政治局開除羅章龍黨籍的決定。

我對於錯誤的認識①（一九三三年九月二十七日）

康

最近兩三個月，我在《鬥爭》上發表了一些短評。②這些短評裡——自然不只在這些短評裡——暴露了我的機會主義的錯誤。經過中央的指示，經過《關於帝國主義國民黨五次「圍剿」與我們黨的任務的決議》的兩次討論，經過同志們的糾正，我才認識了我的錯誤。在我最初寫給《鬥爭》的那封信（《我的錯誤》）裡，我不但沒有承認錯誤，其實反而加深了錯誤。為著反機會主義的鬥爭，為著黨的路線而鬥爭，我是應當把我現在對於自己錯誤的認識寫出來，而請求中央和同志們的指示的。

我的那些短評，以及其他的文章，雖然沒有有系統的敘述我個人對於革命形勢的總觀點，但是這些意見，不會沒有整個的觀點做基礎。換句話說，就是這些意見有一個有系統的整個的立場。這立場是不是和中央的布爾什維克的立場相同呢？不，不相同的。

這是個機會主義的立場。

中央的決議說：「五次『圍剿』，是更加劇烈和殘酷的階級決戰。在這次『圍剿』中，帝國主義的作用是更加加強了，沒有帝國主義的幫助和組織，新的『圍剿』是不可能的。五次『圍剿』是帝國主義經過國民黨實行把中國完全殖民地化的最具體最兇惡的步驟。它同帝國主義在華北的軍事侵略及資本進攻都密切的聯繫著。粉碎五次『圍剿』的鬥爭，就是阻止危險中的帝國主義出路的鬥爭，就是爭取獨立自由的蘇維埃中國的鬥爭。五次『圍剿』的粉碎，將要使我們有完全的可能，實現中國革命在一省或幾省的首先勝利。」……

「這個勝利將要更加擴大和聯絡各個蘇區，取得一省或幾省的首先勝利，將要根本打破帝國主義經過國民黨來完成殖民地化中國的計劃，而我們和帝國主義的武力衝突成為必不可免的前途。」

這裡兩種道路（殖民地化的和蘇維埃的）和兩個政權（帝國主義走狗的地主資產階級政權和工農民主專政的蘇維埃政權）之間的對立和鬥爭的階級意義，反帝國主義的意義，消滅民族危機，軍閥混戰和國民黨經濟總崩潰，而開闢非資本主義——社會主義前途的意義，都極清楚的，極明顯的說明了，而且極清楚的，極明顯的指出了這個鬥爭劇烈和殘酷的現在形勢，以及它的發展的前途。

而在我的那些短評裡，卻沒有用這種立場做基礎的。例如中央的決議，指出「軍閥混戰的爆發雖是暫時阻滯著，然而終究是不可避免的」，認為國民黨正在「團結反革命的各派軍閥，一致向蘇維埃和紅軍進攻」。這裡，我顯然沒有真正了解兩個政權對立與軍閥內部矛盾的相對關係，雖然我的文章裡，也有些「兩個政權的對立是主要矛盾」等等字樣，然而那只是字面而已。而且，我在《廬山會議的大陰謀》那篇短評裡，認為國民黨只有封鎖——所謂「有組織的飢餓政策」，這也是極大的錯誤。國民黨的封鎖，當然是進攻蘇區的一種政策，但是這不是主要的唯一的政策，而只是武力進攻的總政策裡的輔助政策。而在殖民地化中國的總計劃裡，封鎖政策更加只佔著次等的地位。我的這種錯誤，當然不僅只表現在《廬山會議大陰謀》那一篇裡，在其他文章裡也有的。其他的錯誤也是一樣。讀者可以參觀四十九至五十二期《鬥爭》。這種錯誤，暴露著我對於兩個政權對立的階級內容沒有真正的了解，對於兩個政權對立的劇烈程度估量得太低。

再則，例如中央決議說：「沒有帝國主義的幫助與組織，新的『圍剿』是不可能的。」而我在幾篇關於外債問題等的評論裡（例如《反帝大會——反對外債的問題》③），都沒有了解到這一點。雖然一般的也說到帝國主義幫助屠殺和「圍剿」，但是並沒有深刻的了解「帝國主義的作用的加強」。而且，國民黨地主資產階級現在在更加瘋狂的準備和進攻蘇維埃紅軍「在重新訓練自己的軍官，在調遣新的大批的軍隊」

——這應當和帝國主義的侵略、借款和資本的進攻，和白色恐怖的殘酷，和武斷的欺騙宣傳等等，聯繫著來估量。這也是我當時所沒有真正了解的。

中央的決議說，「決定中國革命形勢的增長的三個主要的因素和柱石，是更擴大與尖銳了，中國革命的三個主要支流是極猛烈增長著」。「革命形勢的開展正走到一個急劇的轉變的關頭。」

這是中央對於革命形勢的正確估量。而我在以前的立場上——機會主義的立場上是沒有看見這個「轉變關頭」的意義的。自然，對於革命形勢之中的「階級力量的對比」，就不會有正確的估量。

例如中央的決議說：「蘇區是擴大與鞏固了，全國紅軍有一倍左右的數量上的增加，紅軍的戰鬥力大大的提高了，蘇維埃政權是更進一步的鞏固了，他對於全國民眾的影響是更加擴大了，不論在蘇區與非蘇區之中，我們黨的工作也有了進步，黨的政治影響極大的開展了，黨與群眾的聯繫及本身的組織力量是增加了。」而我在短評之中卻說：「照物質上的力量比較起來，白軍真的可以兩三個月『蕩平赤匪』。」雖然下文接著說明白軍的不能夠「蕩平」是因為白軍士兵和一般民眾之中黨和蘇維埃的政治影響的擴大，然而這問題的提法根本就是錯誤的：而且即使單說「物質上的力量」，也是抹殺紅軍戰鬥力的大大提高，等於誣蔑紅軍。這其實是一般的——不但在軍事上物質上——

對於革命力量，對於階級力量的估量太低。同時，我的評論裡，對於帝國主義國民黨的力量沒有正確的明白的估量，尤其是在一些外債問題、混戰問題、經濟問題上，都沒有指出敵人力量的削弱，沒有指出統治階級的困難是崩潰中的圍難，是死亡中的困難。因此，從我的評論裡，不能夠得出這樣的結論：「統治階級力量的削弱，國民黨統治的劇烈的崩潰……將要隨著我們的新的勝利與工作的改善而更加加速。在五次『圍剿』中間，我們有著比以前更充分的取得決戰勝利的一切條件。」（中央決議）

再則，中央的決議並不是不看見我們自己的缺點和弱點（參觀決議的第二條下半）。中央說：「所有這些弱點就妨害我們在粉碎四次『圍剿』中實現中心城市的奪取和一省幾省的首先勝利。」正因為我們的弱點和困難是生長中的，勝利中的，萌發中的困難，所以，我們有著一切可能來克服這些弱點和困難，而向著勝利前進。而我呢？在《我的錯誤》那封信裡，以及在第一次討論中央決議的時候，我想要糾正自己的錯誤，就說：——我是對於革命的軍事物質力量估量太低，而對於革命的政治力量（兵士和民眾之中的黨及蘇維埃影響）估量得過高了。這又是加深了錯誤。難道現在要對政治力量估量得低些嗎？！事實上，正因為紅軍力量的大大加強，黨和蘇維埃政治影響的擴大——這是絲毫也不應當減低估量的——所以，「蔣介石不能不暫時改變積極進攻為城防的政策，而在新的基礎上，調遣新的軍隊，組成新的力量，以較長期的準備，來進行新的五次「圍剿」（中央決議）。而照我短評裡的論調來說，卻是：「因為革命影響很大了，白軍兵士都不肯去打紅軍了，所以白軍軍閥不敢再開兵隊去打，而只能用封鎖政策了。」既然這樣，那麼，後來我又承認黨的政治影響還沒有這樣大，我就勢必至於要承認白軍不但敢去打，而且可以在兩三個月內「蕩平」紅軍了。這是替悲觀主義做開路先鋒。中央同志說我從「左」的錯誤到右的錯誤，這是的確不錯的。

我以前是在機會主義的立場上，恐懼著革命方面的困難和弱點，而用空洞的誇張來自己安慰自己，自欺欺人，後來，在這同樣的立場上，又走到另外一個極端——假使我不在中央指導之中糾正我的錯誤的根本觀點——那麼，勢必至於要認為黨和蘇維埃的政治影響都很小，而紅軍的「物質上的力量又比白軍差四五倍」，結論當然是革命一定失敗，五次「圍剿」不能夠衝破了。中央同志說我的錯誤在基本上是和羅明路線[4]相同的，我分析自己的錯誤觀點之後，誠懇的接受這個批評，而要為著糾正這種錯誤而鬥爭。

我以前的錯誤是不看見「國內階級力量的對比有新的有利於我們的變動」，根本上是對於革命形勢的右傾機會主義的估量，不過帶著些「左」傾詞句的假面具罷了。我在中央的指導之下，揭破自己的這個假面具，覺得非常之痛快！

此外，我的模糊階級觀念的對於地主資產階級內部的「幫口」問題的見解，否認國民黨有理論，至少是否認三民主義對於群眾的麻醉性……等等，也都和我的機會主義的立場聯繫著的。我必須努力的反對這種機會主義立場而鬥爭。

最後，我要說：假使不是中央的指示，假使不是兩次討論和同志們的批評，我也許直到現在還沒有明白自己的錯誤。我固然很久很久沒有能夠看中央的決議、文件、材料、機關報等等，然而我的錯誤的根本原因決不在這裡。當我還沒有了解自己的錯誤立場的時候，我還是用「不知道許多材料、事實和消息」來辯解自己的錯誤，等待別人的解釋。這其實是機會主義在抵抗布爾什維克的揭發和批評。這在共產國際和中國黨的反機會主義的鬥爭歷史上是常常遇見的：機會主義者總會等待、掩飾，總要企圖反攻黨的路線。我現在既然知道了自己錯誤的本質，我誠懇的接受中央布爾什維克的批評和指示。我認為必須繼續開展這個鬥爭，對我有嚴格的批評。

這種反機會主義的思想鬥爭——在各地黨部，在各方面的問題上——必定能夠幫助中國革命的唯一領導者——中國共產黨的鞏固、統一、加強。這種鬥爭和完成黨的偉大任務，擊破帝國主義國民黨的五次「圍剿」，以至於取得蘇維埃政權在中國的完全勝利，是不可分離的。

我希望《鬥爭》上給我更深刻的批評！

一九三三・九・二七

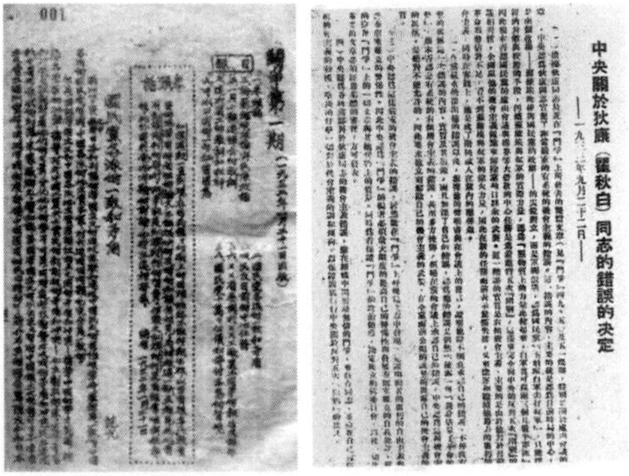

左：瞿秋白（範亢）發表在《鬥爭》創刊上的文章
右：王明集團向全黨發佈的批判瞿秋白號宣佈瞿為「整個階級敵人在黨內的應聲蟲」

注釋：

① 一九三三年夏瞿秋白（筆名狄康、康）應中共中央刊物《紅旗周報》、《鬥爭》的約稿撰寫時事短評文章。這些文章均是抨擊國民黨政府的雜文，並不涉及中共中央的路線方針與黨內鬥爭問題；但是王明集團為了排除異己的需要，為了強制執行其政治路線及軍事策略，即作出《中央關於狄康（瞿秋白）同志的錯誤的決定》（一九三三年九月二十二日）。這個批瞿「決定」認為：瞿秋白的文章「完全與中央的反對五次『圍剿』的決議相對抗，企圖以他的機會主義觀點來解除黨動員群眾的武裝。……在客觀上，他是整個階級敵人在黨內的應聲蟲。」「應在組織中開展最無情的鬥爭」，「以保證徹底執行中央關於反對五次『圍剿』的決議」。（見《六大以來》下冊）瞿秋白被迫向全黨作的這份檢討刊載在一九三三年十月十五日《鬥爭》第五十六期上。發表時署名：康。現收入《瞿秋白文集》政治理論編第七卷。

② 指一九三三年六、七、八三個月以筆名狄康、康在《鬥爭》上發表的短論，其中《臨死的呼號》、《盧山會議的大陰謀》、《國際反帝大會——反對

國民黨的外債政策》等遭到嚴厲指責。

③《反帝大會——反對外債的問題》 即《國際反帝大會——反對國民黨的外債政策》。

④羅明路線 當時任中共福建省委代理書記的羅明（一九〇一－一九八七）根據福建邊區落後、工作條件差的實際狀況，寫出報告《對工作的幾點意見》、《關於杭、永情況給閩粵贛省委報告》，認為這些地區應該採取與中心蘇區不同的政策，不應強調進攻路線。羅明的意見被博古等譴責為「反對共產國際與黨的進攻路線」，是「對革命的悲觀失望、機會主義的、取消主義的逃跑退卻路線」，並在黨內發動反對「羅明路線」的鬥爭。

五、回憶資料

我和瞿秋白、何叔衡等一起突圍、被俘的前前後後①

周月林

《浙江黨史通訊》編者按：周月林同志，原籍浙江寧波，一九〇六年出生於上海，一九二五年入黨，一九二七年在蘇聯與梁柏台結婚。曾在中央蘇區擔任過中共中央婦女部長、國家醫院院長等職。一九三五年三月，她在突圍時和瞿秋白、何叔衡等一起被國民黨軍俘虜，此後即與黨失去了聯繫。一九五五年因懷疑她出賣了瞿秋白而被公安機關逮捕，一九六五年被判刑十二年。十一屆三中全會後的一九七九年，北京市高級人民法院經過複查後撤銷了對她的原判，宣告無罪。幾十年前我黨著名領導人瞿秋白的被俘和犧牲，是中共黨史上的重大事件。周月林作為瞿案唯一尚健在的當事人，我們現在發表她的這篇親歷記，相信將有助於研究和瞭解這一段黨史。

周月林同志現定居在浙江省新昌縣城。

一九三五年瞿秋白的被俘和犧牲，是我黨的重大損失，也是我黨歷史上的重大事件。長期以來，流傳著一些違背歷史真實的說法。我作為這一事件的當事人之一，有責任將事件的經過情況訴諸於眾，以供黨史研究工作者參考。

一

第二次國內革命戰爭時期，王明「左」傾冒險主義的統治，排斥了毛澤東同志的正確領導，導致了第五次反「圍剿」的失敗。一九三四年十月中旬，中央紅軍主力被迫撤離中央蘇區，作戰略轉移。那時，不稱長征，將紅軍主力組編成野戰軍，叫野戰軍出動。

當時，我是第二屆蘇維埃中央執行委員、中央執行委員會主席團成員，擔任國家機關醫院院長。我丈夫梁柏台也是中央執行委員，擔任司法部長，並代理內務部長。我倆原來都列在隨野戰軍出動的名單中。有一天，我碰見毛主席，問：「聽說要走？」毛主席回答說：「要走！」我又問：「有我們嗎？」毛主席說：「有！你們夫妻倆都走。」但是，出發前幾天，情況起了變化。黨中央決定項英、陳毅留在中央蘇區堅持鬥爭。同時，還要留下一人負責政府工作，留誰沒有定，由項、陳挑，挑到誰就留誰，不管是哪一位中央政府領導人。結果項英提名要梁柏台。這樣，中央就決定梁柏台留下。會後，項英又到梁柏台住處對梁說，留下的工作是很艱苦的，他們都走了，這一攤子都要我們來收拾，我們要你在這裡，我們三個人搞這裡的工作。項英又對我說，你也留下（這不是在會上宣佈的，是項英告訴我的）。我說，我不留下，我要走，跟大隊伍一起走。他說，現在工作需要，沒有人了，你留在這裡做婦女工作。我想跟部隊走，但他已決定了。我又去找中央，去了兩次都遇上開會，後來就沒有再去找了。梁柏台也勸我留下，這樣，我也就留了下來。

黨中央為留下堅持鬥爭的紅軍部隊規定的任務是：牽制敵人，掩護主力紅軍轉移，保衛中央革命根據地，保衛土地革命的勝利成果，在根據地及其周圍進行游擊戰爭，使侵佔根據地的敵人無法穩定其統治，並準備配合紅軍主力，在有利條件下進行反攻，恢復中央蘇區。

蔣介石妄想一舉撲滅紅軍，除調集幾十萬大軍圍追、堵截西行的紅軍主力外，另以十幾萬大軍包圍中央革命根據地，迅速佔領了蘇區的各縣城和交通要道，繼續以堡壘封鎖戰術對蘇區實行分割「清剿」，以圖徹底摧毀中央革命根據地和消滅紅軍游擊隊。

一九三五年二月，敵已對我形成堅固的包圍圈、封鎖線，將我壓在狹小區域裡，形勢已十分惡劣。中央分局決定將分局與中央政府辦事處的機關人員分派到各地各部隊去，進行分路突圍，並決定讓正病得厲害的瞿秋白、年老體弱的何叔衡、懷孕在身的張亮（項英愛人）和我四人撤離中央蘇區，經福建、廣東去香港或上海做地下工作及就醫。同時，決定鄧子恢到福建永定、龍岩一帶領導游擊戰爭，與我們同時出發。這些都是項英通知我們的。項英對我說：「中央分局決定瞿秋白、何叔衡、張亮和你轉移到白區去搞地下工作。從福建、廣東到香港，如在香港能接上黨的關係，就留在香港；如在香港接不上關係，就去上海。你從小在上海長大，又在上海搞過地下工作，對上海情況比較熟悉，他們都喜歡你一起去。」

中央分局作出了我們四人撤離中央蘇區的決定後，又命我先行出發，護送一擔中央政府辦事處的鉛皮公文箱到瑞金五陽山區埋藏。當時，面對危局，分局領導作了最壞的打算。由梁柏台負責帶主力紅軍撤走後，對留下的各種物質、器具和文件進行了徹底的堅壁清野，該燒的燒掉，該埋的埋起來。其中必須留下來的重要文件、照片分裝在三擔鉛皮公文箱裡，祕密送往深山埋藏。我護送的就是其中的一擔。

我把公文箱護送到五陽山上埋好之後，就在蘇區等瞿秋白他們。很快他們來了。這時山下已被敵人佔領了，他們告訴我是摸了敵人的崗哨過來的。

我和瞿秋白是在莫斯科中山大學時認識的。一九三四年初他從上海到達中央蘇區後，我們常一起開會和見面。他的夫人楊之華，我在上海搞地下工作時就認識，後在莫斯科中大學習時也常見面。而梁柏台和瞿秋白早在蘇聯時就很熟悉。瞿來中央蘇區之後，在教育部工作，他們經常在一起研究工作，十分親密。

瞿秋白一見到我，就向我轉述了梁柏台的問候。接著他對我談了這次突圍轉移的計劃和打算。他說：「我們不管是到了香港，還是到了上海，都要儘快設法找到黨組織。」我對瞿秋白說：「你是病人，得抓緊時間治病。」瞿秋白又關照我說：「我當真住了院，你不要把我的住址告訴『張飛』（指張亮）。以後，黨組織有事，通過你來聯繫，我要是有事也通過你與黨組織聯繫，都不要告訴『張飛』，連你的住址也不要叫她知道。她口快容易漏嘴。」我說：「張亮講過，她要跟著我的。」瞿秋白說：「我們在找到黨組織之後，把她交給黨組織，請組織來安排她。」

瞿秋白還同我說，這次要是到了上海，他一定要去找魯迅，他和魯迅的關係非常好，心裡老是想著魯迅，要是能見到就好了。

瞿秋白的身子十分單薄，臉色不好，還有些浮腫。他的肺病已十分嚴重。連日來不停地奔跑，過度勞累，使他的病情加劇了，時常咳嗽不止，還經常吐血。他為自己的身體擔憂，希望能闖過眼前的險境，早日到達香港、上海，儘快找到黨組織。我也為他的身體擔憂，心想到了上海要是能馬上找到楊之華同志就好了，就問：「之華在什麼地方？」瞿秋白搖搖頭對我說：「我從上海到瑞金以後，再也沒有聽到她的消息。她可能

江西蘇維埃政權第二屆中央執行委員會成員合影（一九三四年二月三日於瑞金），前排右四毛澤東（蘇維埃主席）、前排左六周月林（中央執委主席團成員）

還在老地方（指上海），也可能去蘇聯了。能找到她當然好。」

我對瞿秋白說：「要是不能很快找到黨組織，你就先住在旅館裡吧。」瞿秋白聽了我的話，不由笑了起來，對我說：「我還能住旅館？國民黨裡面有我的學生，也有交過鋒的對手，還有認識我的叛徒。旅館裡人又多又雜，萬一被人認出怎麼辦？」經他這麼一說，我才想到瞿秋白是敵人十分注目的人物，到了白區後，先在什麼地方住下好呢？這倒是一個不能馬虎的問題。看來，瞿秋白也在考慮這個問題。有一次，他突然問我家裡的人認識梁柏台否？我不明白他為什麼問這個問題，便告訴他只有我弟弟認識，別的人沒有見過。瞿秋白聽了我的回答，便說：「那好，我們到了上海，你先同弟弟商量好，我就假稱是梁柏台，先在你家住下，反正別人也不曉得我是什麼人。」瞿秋白能住到我家裡，我是歡迎的，可是我家條件很差，怕他不習慣，便對他說：「我家裡很窮，住在工人區，一間小小的樓閣，條件很差，生活不好呀！」他卻說：「工人區更好，更安全！」

二

從武陽出發走了一兩天，我們就到了福建省委駐地長汀四都山上，見到了省委負責人萬永誠。他告訴我們說，省委已接到中央分局的通知，已準備派人護送我們出境。又說：現在敵人很猖狂，封鎖很緊，為了能安全突圍，準備將你們和外地買伐木的香菇商人混在一起送出去。先把那些商人抓來，你們也裝成商人的樣子，和他們關押在一起，吃住在一起。你們設法和這些商人搞好關係。由戰士「押送」到交界線時，你們和商人一起逃跑，穿過敵人的封鎖線。護送的戰士朝天開槍，掩護你們。

瞿秋白考慮了一下，覺得這個方案不甚妥當。在我們五個人中，除鄧子恢和我身體較好外，其他三人都有困難：瞿秋白的肺病很重，何叔衡年老體弱，張亮懷孕。如果戰士一放搶，敵人必然出動，有的跟戰士交火，有的追商人，危險性很大。而且同商人混在一起也難保不暴露身分。第一個方案沒有通過。

過了幾天，萬永誠拿來了幾隻假面罩，又提出了第二個方案：你們幾個人喬裝成被紅軍抓來的「俘虜」，每個人都戴上各種顏色的面罩，由戰士「押送」。這樣，即使遇見密探，也認不出是誰。

經過再三考慮，沒有更好的辦法了，我們便同意按這個方案突圍。福建省委派出了一連戰士，組成護送隊，護送我們出境。約在三月二十日左右，我們從四都山上出發，向永定方向行進。一路上，部隊裝出押送犯人的樣子，部分戰士在前面開路，一部分戰士押後，我們五個人在中間，每人戴著假面罩，身邊還有兩個戰士「押」著。經過村子時，因為我們戴了假面罩，人們覺得新奇，圍觀的很多。看來這個方案並不好，這樣反而更加惹人注意。

為了避開敵人，我們走的盡是山路。出發之前，省委找了個年輕婦女做嚮導。她長年在山上砍柴，知道一條很少有人走的山路。地形十分複雜，路徑難以辨認。嚮導走在前頭，遇上岔路口她就折下兩根樹枝，將一根橫在岔路上，另一根直放著暗示前進的方向。

帶病的瞿秋白和年邁的何叔衡，和我們一起在這曲折盤旋的山間小路上一個挨一個地走著，誰也不敢落後一步。路窄得只能一個人通過。何叔衡幽默地對瞿秋白說：「這是蛇走的路，也是你們文人作詩寫文的好材料。」聽說這是「蛇走的路」，我覺得十分新奇，就問何老：「蛇走的路？你怎麼知道？」何老說：「你看，這彎彎曲曲的小路不像長蛇一樣嗎？」何老的回答逗得大家笑了起來。但是瞿秋白的心情好像要比我們沉重一些，他比我們考慮得更多、更遠。他看了一下周圍的環境，對何老說：「過去這一帶都是我們的地方，往來都很安全。現在都成了敵人的了，路上的危險性是不小的。」何老根據多年經驗，認為瞿秋白的分析是對的，絕對不能大意。他說：「我們得有最壞的思想準備，萬一突不出去，寧可犧牲，也決不活著給敵人抓去。能為蘇維埃流盡最後一滴血，也就滿足了。國民黨那裡有我的學生，要是死不了就糟了，那些學生會整天纏住我。到那時，死不了也就成千古恨了。」

聽了這位年已花甲的忠厚長者和瞿秋白的對話，我的心也沉重起來。我早在莫斯科中山大學學習時就時常與何老見面，他與徐特立、林伯渠等幾個年紀大、文化高的，還有文化高的楊之華，同在中大特別班學習。我和一些文化低的人進的是預備班。到了中央蘇區以後，我跟何老見面的機會更多了。他擔任中央政府的工農檢查部長和臨時最高法庭主席。我們有時在一起開會，他又經常找梁柏台研究工作，是一個十分謙和而又略帶幽默的老人。那時他很想自己的女兒，有一次半認真半開玩笑地和我說：「月林，我女兒不在身邊，我很想她們，你就做我的乾女兒吧！」又說：「你做我的乾女兒，梁柏台就是我的乾女婿了。這樣的女婿我看得中，我喜歡。」打這以後，他就常以父親的口吻和我說話。他對最高法庭的工作十分慎重、負責，常同我和梁柏台說：「我這顆印子不好動，每動印子就幾個晚上不能睡覺。」我不理解地問：「動動印子有什麼睡不著覺的？」何老說：「我的印子一動就要人頭落地。印子就好像一把刀，我蓋了印就好像人是我殺的一樣，有時心裡會難受啊！我這顆印子好重啊！」他不僅跟我和梁柏台這麼說，也同別人這麼講。我和梁柏台都勸他，只要多調查研究，把案子調查清楚就好了。他說：「難呀，有的調查不清楚啊！我年紀大了不能什麼案子都自己去調查，叫人調查，不一定就調查清楚了。你向不同關係的人調查，調查結果會不一樣呀。」有一次，有人在會上批評他，說他一個最高法庭主席，心這麼軟，法庭工作怎麼做得好呢？那時我年輕，有人隨便批評何老，我心裡雖不樂意，但也覺得當最高法庭主席還這麼心軟，怎麼能行呢？後來，越想越覺得何老這人真好，他懂得印把子的份量。這麼大的年紀擔任最高法庭主席，從來不草率從事，對人民這樣的負責任，這種精神多麼可貴呀！尤其在我自己後來蒙受冤獄後，更經常想念何老。

大約第三天晚上，我們到了敵人佔領的水口村附近。我們必須從這裡東渡汀江，但只有村裡的一座橋可過，而橋頭駐有敵保安十四團一個營，無法通過。我們便決定在半夜時從橋的下游偷渡。護送隊臨時紮了副擔架，好抬瞿秋白、何老過河。

半夜過後，我們甩掉了假面罩，準備過河。當我和張亮到達河邊時，有幾個戰士已在河裡，鄧子恢也下河了。我看水不太深，就對張亮說，我們快過河吧！張亮不肯，她要等擔架。我催促說，現在只一副擔架，我們還是自己走吧！但張亮堅持要等擔架。我想，她懷孕在身，而二月的河水還很冷，便沒有相強。

我跳下河，兩個戰士趕快來攙扶我前進。到了河對岸，見鄧子恢已在岸上。他邊說，你來了，好好！便把我拉上岸。上岸後，他問我，他們來了沒有？我回答他們沒有來，要等擔架。鄧子恢說，情況這樣緊急，越快越好。這時一部分戰士也還沒有過河，我們就在岸邊等待。

過了一會兒，擔架抬著瞿秋白過來了。接著又扛回擔架，把何叔衡抬了過來。最後，擔架又扛回去，把張亮抬過來。這樣來回三趟，就耽誤了一些時間。

人都過河後，我們又繼續向前走。當到達一個小村時，天已拂曉，我們準備吃了早飯再走。剛剛休息一會，飯還沒有吃，突然傳來槍聲——這是村口哨兵發現敵人來了的信號。我正在烤衣服，聽到槍聲，立即從屋裡出來。護送隊一面掩護，一面催促我們趕緊轉移到村南的大山上。隨後，戰士也撤上了山。但是，敵人尾追不放，向山上緊逼。護送的戰士掩護我們從後山突圍。可是後山坡很陡，無路可走。戰士們便叫我們滾下去。我們就劈哩叭啦地從後山滾了下去。

我滾下山後，不顧疼痛站起來一看，只見鄧子恢在前面走，還有幾個人跟著。我想鄧子恢是在福建打游擊出身的，路熟悉，就緊緊跟上去。好多人也跟著往這條路上來了。

我往前走了一段路，為已脫離了危險而暗暗慶幸。突然我發現瞿秋白、何叔衡沒有跟來。心想這下糟了，他倆會不會掉了隊？瞿秋白有病又是近視眼，何叔衡年邁體弱，他們掉了隊，在到處是敵人的山上是寸步難行的。我不應該撇下他們不管。想到這裡，我給自己下了命令：倒回去，把他們找到！我邊想邊返身回去，同時向周圍觀察，心裡既急又怕，怕他倆已落於敵手或已遭不測，但又不能叫喊，怕被敵人聽見。我找著找著，突然發現瞿秋白正一個人艱難地走著。見到他我好像一塊石頭落了地；他一見到我，也高興得不得了，對我說：「阿梅啊！（他以前叫我月林，從這時起就叫我阿梅。因我在蘇聯時曾化名叫王月梅）你來了，我心裡正急得不得了。」敵人正在搜山，我們處在十分危險中，我就催促他快走。

走了一段路，又發現了張亮。她也掉了隊，正坐在那裡乾著急。我們見到後都很高興。我們一行五人，現在三個人碰在一起，鄧子恢已突圍出去，只有何老不知情況怎樣了。

我們三人一起走著。後來到了一間沒有頂的破屋前面，瞿秋白由於不停地奔跑，身體已疲憊不堪，對我說：「阿梅，我實在走不動了，要到這個破屋子裡休息一下。」張亮也說要進去休息。我看這破屋四周無窗，只有一道門出入，怕不太安全，但看看他倆實在太累了，也不好反對，就對瞿秋白說，你們進去休息一下，我就在旁邊的草叢裡看著。我的意思是希望他們也到草叢裡去，不要到破房子裡去。但他們仍想到裡面去休息。

於是，我把他倆陪進屋裡，又叮囑他們，在裡面不要說話，周圍可能有埋伏的敵人。出來找我也不要叫，輕輕地拍兩下子，我就知道了。我從破屋出來，就到草叢中隱蔽起來。走近一看，原來是個藏身的好地方。草叢裡是一口山塘，四周叢生著高高的雜草，長著幾棵小樹，塘底還有積水。從裡面看外邊能看得清清楚楚，從外邊看裡邊卻一點也看不見。我便伏在草叢中，監視著外面的動靜。

過了一會兒，張亮來了。後來瞿秋白也來了。他說，我也到你這裡來。說後他就跳了下來，不料卻跌倒了，我趕緊把他扶起。他靠近一棵小樹坐了下來，萬萬沒有想到，他的身子碰著了樹身，樹枝搖動了，被山上的敵人發覺。只見敵人向我們這兒搜索過來，還相互說：沒有風，別的樹都沒有動，為什麼那棵樹會動，可能有人。敵人來到草叢前，一時不敢進來，對著草叢喊叫：裡面有人沒有？我們沒有響，敵人又一連喊了三次，然後向草叢中搜來。就這樣我們三個人都被俘了。我們一行五人，只有何老一直沒有消息。後來才知道何老在這次突圍中犧牲了，但他是怎麼犧牲的，我一直沒有得到確實的消息。他是年已花甲的老人，很可能是從後山滾下時就犧牲了。

三

我們三人被敵兵帶到山頂，敵營長派了四個士兵和一個勤務兵，押解我們去水口營部。張亮在前，我在中間，瞿秋白在後頭。

走到半路，我忽然聽到後面「撲通」一聲，不禁愣了一下。接著又聽一個敵兵說：「補他一槍！」我不顧一切，猛地轉過身，只見瞿秋白已昏倒在地，槍口正對著他。我立即大聲地說：「不准補槍！不准補槍！」敵人的注意力一下被吸引到我的身上。我趁機搶步上去，用身子擋住敵人的槍口，不住地喊著：「不准補槍！不准補槍！」我這麼一攔，敵人的槍口對住了我的胸口，喝問我：「為什麼不准補槍？他是你什麼人？是不是你的丈夫？」我那時十分慌張，怕敵人真的會一槍打死瞿秋白，因為敵人也怕路上碰著我們的部隊，為了趕路，想甩掉這個「包袱」。我知道瞿秋白是因為力乏昏倒的，要想法拖延時間，讓他醒過來，便一口氣地說著「不准補槍」，對敵人的問話遲遲才答他一句，以此應付敵人，拖延時間。

過了一會兒，聽一個敵兵說：「他又活了。」當時，我臉朝敵人背對瞿秋白，聽到一聲「活了」，趕緊扭身一看，只見瞿秋白的頭在動了。又過了一會兒，身子也會動了。我很想上去把他扶起來，但敵人不讓我上前。

瞿秋白慢慢蘇醒過來了。敵人一把將他揪了起來，要他快走。我看他還沒有緩過氣來，哪能走得動呀？得設法掩護他，而把敵人的注意力吸引到自己的身上來。

在敵人的威逼下，我們又上路了。我故意走得很慢，好讓瞿在後面慢慢走。敵人急於早點離開山上，我這麼慢走，敵人的注意力馬上集中到我身上了。敵人催我、踢我，我還是走得很慢。兩個敵兵衝上來，惡狠狠地抓著我的手，要強拉我快走。我就勢賴在地上不走，喊叫著：「我肚子疼呀，走不動啊。」敵人一時也沒了辦法，只好說：「你起來，你起來。」我說：「你們要拉我，我就不走。」敵人無可奈何地說：「好好好，你自己起來走。」起來之後，我依然慢慢地走著。

我們下了山，到了一個小村子，敵人讓我們坐地休息。不一會，圍攏了一些老百姓，其中有不少婦女。我知道不久前這裡還是我們的地方。他們好像也看出我們是紅軍，顯出同情親切的樣子。只是都不好開口。

我知道瞿秋白所以昏倒，是因為日夜走路，連口飯也沒吃上，連餓帶病的緣故。我見圍觀的人群中有一個年輕女子，就問她：「有沒有紅薯給點吃吃？」她說聲「有」，很快拿來了三塊紅薯。我看看紅薯，朝瞿秋白望了望，輕聲對他說：「拿去！」可他一動不動。我加重了語氣說：「你把這紅薯拿去吃，吃了，好走得快點。」因為這是當著敵人說的，只能這麼說，否則敵人會懷疑的。瞿秋白聽我這麼說，就吃了兩塊紅薯，剩下一塊。我叫他都吃掉，他不再吃了，我就叫張亮吃了。後來，我又討了點水來給瞿秋白喝。

四

我們被押到水口鎮敵營部時，只見二十多個護送我們的戰士已關押在那裡了。敵人把瞿秋白、張亮和我三人關在裡角，戰士們關在外邊。

敵人當天來不及審訊。但審訊是預料之中的事，該怎樣對付呢？在這次突圍行動中，我們是裝扮成紅軍押送的「俘虜」的，但是，各人的假身分事先並沒有統一過。到了深夜，我們三人便悄悄商量對付審訊的辦法。一致同意繼續利用紅軍「俘虜」的假身分，各自編一套假口供。瞿秋白要我先編。我說，「我就化名陳秀英，是被紅軍抓去的護士。」因為，我在當國家機關醫院院長時學會了打針、接生，懂得一些醫務知識。

接著，由張亮編。張亮說：「我就姓你的周，叫周蓮玉，是香菇商老闆娘，被紅軍抓住的。」張亮把自己說成是老闆娘，我看倒很像。我和瞿秋白都沒有提出異議。

最後，瞿秋白編。他說：「我就姓你的那個林，叫林琪祥。原是上海大學的學生，後畢業於同濟大學。職業醫生，被紅軍俘獲。」

聽了瞿秋白編的口供，我覺得不妥當，便提出：「你講是大學生、醫生，目標太大，敵人會注意你。叫你打個針或開個方，你都不會。」瞿秋白回答說：「我要是說我是農民或士兵像嗎？敵人會相信你嗎？現在頂要緊的是使敵人不懷疑你的口供。如果敵人一懷疑我的口供，我就完了。我們決不能輕視國民黨多年特務工作的經驗。他們難道連找個人來指認我都不懂嗎？我的學生，在國民黨裡當官的有，做特務的也有，還有投敵的叛徒，要找個人來認認我還不容易。」經他這麼一說，我也無話可對了。

我們商量好之後，就躺在地上休息。突然，闖進兩個敵兵，架起我就往外拉。我一看苗頭不對，不像是傳訊，這些野獸一定不懷好意，就拼命掙扎，用腳踢，用嘴咬，還大聲叫罵。躺在腳後的瞿秋白猛地坐了起來，用眼睛瞪著敵人，怒目而視，站起來要和敵人拼了。敵兵見狀將我放下，用力把瞿秋白推倒，出去了。

我已用盡了力氣，倒在地上直喘氣。瞿秋白過來搖搖我的頭，對我說：「阿梅，你不要哭，你沒有被拉走就好了。他們是敵人，是野獸。我瞪著他們，倒要看看他們還有沒有臉拉你出去。」

最後，瞿秋白還深有感觸地對我說：「阿梅啊，今天我才知道，到了這個地步，你們婦女比我們男子還要多一層痛苦。」

第二天，敵人開始審訊了。我們按已編好的口供回答。敵人沒有問出什麼，就將我們三人和被俘的戰士一起押送到上杭縣城敵團部。將瞿秋白和戰士關押在一起，我和張亮關在一道。自此，我再也沒見到瞿秋白的面了。

到了上杭敵團部後，敵人又對我們進行了審問。我仍按原來的口供來回答。敵人一時沒有摸清我們的真實姓名和身分，過了幾天，便決定許可就地保釋。

聽說抓來了一批俘虜，還有女的，有許多人來看熱鬧。其中有好幾個女的，還有一位老太太，後來才知道是敵營長李玉的伯母。她聽說我是被紅軍抓去的護士，會接生、打針，就對我說：「你真的是被紅軍抓去的？如果是真的，我願意保你。我侄媳婦要生孩子了，還想請你接生哩。」那時，閩西一帶缺醫少藥，要找一個接生的醫生也很難。我這個「假護士」竟給看中了，沒有幾天，她便出面把我保了出去。

我被保釋不久，李伯母的侄媳婦臨產了。她要我接生，我怕發生意外，推說我是護士不是醫生，不會接生。當時上杭縣城只有一家藥鋪裡的一位中年婦女會接生，李伯母就把她叫來，我在旁幫忙。後來，我看她接生方法不對，孩子生不下來，就叫她站開，我運用在國家機關醫院時學到的一點接生技術，使孩子生了下來。嬰兒生下後不會哭，我就拎起嬰兒雙腳，在屁股上拍了幾下，才哇地一聲哭了。

打這以後，他們真把我看成醫生了，那位藥鋪的婦女還在外面替我宣傳，說我接生的技術高明。

我獲得保釋後，本可伺機設法脫身。但是，瞿秋白和張亮還沒有出來，如果我先走了會驚動敵人。我想等他們也保出來之後再一起設法脫離險地。而且，行動越快越好。無論是我還是張亮，特別是瞿秋白，暴露身分的危險是隨時存在的。因為，和我們一起被俘又和瞿秋白關押在一起的有二十幾個戰士；而護送我們的戰士除已被俘和犧牲的以外，應已返回了原地，也很可能將我們被敵俘獲的消息傳開，瞿又是黨內外注目的人物，會傳得更快；閩西大部分地方已被敵佔領，我方人員還會有陸續被俘的，則我們被俘的消息很可能傳回到敵人那裡。只要風聞瞿秋白被俘的消息，敵人必會在俘虜中查找。我們這些被俘獲人員，多是出身工農的當地人，只有林琪祥的口供是大學生，醫生，江蘇人，也只有他是一副文質彬彬的文人相，此外恐再無與瞿秋白的特徵相似的被俘者，所以敵人是很容易把他找出來的。因此，保釋越早越好。

過了一些時候，張亮也出來了。她是被上杭縣城一家糖果店老闆保釋的。因為這老闆沒有子女，他想張亮被保出分娩後，將孩子給他。他想要張亮的孩子。

張亮出來之後，我去找她商量保瞿。我到糖果店裡找到了張亮，她把我引到樓上她住的房間裡。我擔心張亮自己一個人會先走掉，因為一走就會驚動敵人，就對她說：我們還不能走，得設法把瞿秋白也保出來，等他出來以後一起走。我又和她商量，是否請糖果店老闆出面，或是請他托個商人出面保瞿，我再請李太太在內部活動活動。張亮卻告訴我，瞿秋白已經解長汀，不在上杭了。我一聽感到非常突然，便追問張亮是怎麼知道的。她說是聽看守瞿秋白的士兵說的——林先生已經解長汀了。

我們一起被俘的有二十多人，為什麼單單將瞿秋白一個人解長汀呢？這到底是什麼緣故？我問張亮，她也說不知道。我想，這說明敵人對瞿已掌握了情況。事已如此，我們也不能在這裡久留，危險隨時會發生，應立即設法離開。我對張亮說：瞿秋白可能出事了，我們得趕快走！張亮說她快要生孩子了，要等生了孩子以後再走，要是在路上生孩子怎麼辦呢？我看她腆著個大肚子，確難行走，就對她說：你暫時不走，我先走了。

正在我尋找脫身機會時，敵人把我和張亮重新收監了。

五

敵人將我重新收監後，對我多次審訊。敵團副在審問時說：「林先生已在長汀承認了，他不姓林，你和他一起被我們抓來的，你也不會姓陳。」我仍堅持原來的口供。後來，敵人叫來一個男的，問我認識他嗎？我看來人好像是護送我們的戰士。我回答說：「我不認識！」敵人轉過去問那人：「你認識她嗎？」想不到這個膽小鬼向敵人說了真話，說我是中央的人，是由他們護送過境的。我氣憤地對他說：「你怕死，胡說，把我們不是共產黨的人也說成是共產黨。」我仍然咬定原來的口供。

很快我們被敵人以嫌疑犯押往龍岩。這時可能已是五月份了，我清楚地記得，在我和張亮被押離上杭縣城的那一天，天氣已很熱。我們被押出敵團部時，團部通往大街的道路兩旁站滿了婦女，男的很少。其中有許多我被保釋後認識的婦女，都和我打招呼，有的還問我「什麼時候再回來」。我一面走一面向她們點點頭。當押過敵營長李玉的伯母家門口時，她抱著小孫子（不是我接生的那一個）站在路旁，大聲地對我說：「秀英，不要怕，膽子大一些。我去找過鍾團長了，說你不是共產黨。鍾團長說了，不是共產黨就好，到龍岩一對就清楚，不是的話，你還可以回來。」聽她這麼一說，我心裡有了底，敵人還沒有完全摸清我的底細，押我去龍岩便是為了搞清我的身分。正當我想和李伯母說話時，敵鍾團長上來制止說，他大聲地喊著：「陳秀英，不要講話。」這說明敵團長也還不知道我的真實姓名。

我們被押過大街到了城門口，敵鍾團長對我說：「我們押送過多少男女犯人，沒有見過今天押送你這個女犯，有那麼多人出來送你，有那麼多人和你打招呼說話，你好厲害呀！」我被李伯母保釋後，住在她家，她家就在敵團部通往大街的這條巷子裡，巷內裡除住了一些敵軍官家屬外，還有許多市民和工人。我常和這些市民、工人的家眷接觸，串串門，拉拉家常。我想摸摸這裡有沒有我們黨的關係，如果能找到當地的黨組織就好了。這些普通勞動婦女都說我和她們（指敵軍官家屬）不一樣，沒有架子，因此樂於和我接近，顯得非常親熱。這次我被押赴龍岩，可能是李伯母她們傳出了消息，便紛紛出來送我，一個個和我打招呼，希望我能平安回來。再加看熱鬧的人，一下子就站得滿滿的了。

當我們到達城門口時，抬來了一頂轎子。敵鍾團長對我說：「陳秀英，你自己走路，她（指張亮）大肚子，讓她坐轎子。」這頂轎子是從街上叫來的，不知為什麼，敵人還會弄個轎子給張亮坐。走到半路，龍岩的車子來了。大家便都上了車，這樣，當天就到了龍岩。

我被押到龍岩後，敵人便進行了審訊。我仍是原來的口供。他們便叫進了兩個叛徒，一個叫楊岳彬，一個叫朱森，都曾是中央政府和紅軍的幹部。這兩個叛徒不僅指認了我是周月林，而且還將我的情況全盤托出。說我是梁柏台妻子，曾去蘇聯念過書，是蘇維埃中央執行委員，曾擔任過中央婦女部長、國家醫院院長，等等。在叛徒指認後，敵人接著說：「瞿秋白已經搞清楚了，他自己在三十六師也承認了。你已被這兩位指認出來了。你把陳秀英這個假名收起來吧！」一邊說邊扔給我一張報紙。我一看，報紙上面登著瞿秋白在三十六師給敵軍官刻圖章的消息。這時我才知道瞿的身分確已暴露。

由於叛徒的指認，情況已發生變化，我的鬥爭的任務和方式也應隨之改變。我心裡決定：一、不怕承認自己的真實姓名和身分，但絕不超出已被指認的內容；二、始終保守我黨我軍機密。

事實上，這時敵人的興趣已不在我承認是不是周月林和林祺祥是不是瞿秋白了。他們向我提出了新的問題：「朱毛隊伍的去向、目的地是哪裡？」我回答說：「這是軍事行動，我不懂軍事，不知道！」「留下了哪些人？他們在哪裡？」「因為是打游擊，我走不動路，早就離開了，在山上當老百姓了。」我假稱已當老百姓，來拒絕敵人的問話。敵人一連問了一大串問題，看看直接問話不行，又改用軟辦法，說什麼他們這裡也需要像我這樣的人做婦女工作，只要我說出一點情況，就可以給我好的工作。聽了敵人的一派胡言，我直截了當地回答說：「你們的工作我不會做。」敵人十分生氣，大聲問我：「為什麼共產黨的工作你能做？」我理直氣壯地回答：「共產黨是窮人的黨，我是窮人，知道窮人想什麼，要求什麼，應該幹什麼。你們是有錢人的黨，我不知道有錢人想的是什麼，不會替有錢人工作。」後來敵人又給我看一本油印冊子，裡面是全國工農兵代表大會選舉中央執行委員會的得票統計。我看後不禁升起了一個疑團，這麼重要的材料怎麼會落在敵人的手裡？我問敵人：「這個名單你們哪裡來的？」敵人說：「用不著你來問這個問題。我們要問你的是瞿秋白的票數為什麼比你少？照理他的票數應該比你多。」我回答說：「我不知道，我不重視自己的票數有多少。」敵人連問我幾次，我都說「不知道」。

中華蘇維埃共和國中央執行委員會佈告

主席 毛澤東
副主席 項英 張國燾

公曆一九三四年二月五日

這份文件顯示瞿秋白、周月林均為蘇維埃中央執委主席團成員（計十七人），瞿秋白、周月林身分已徹底暴露，人證物證俱全。

敵人又問這兩個叛徒。他們回答說，周月林自然不能和瞿秋白比。拿瞿秋白和朱毛比，當然票數要少。瞿秋白只是在大城市有名，在紅區沒有名。況且他來紅區時間不長，有的代表連他的名字也不知道。而周月林與一般婦女比，票數當然要多。她經常代表中央政府到下面去瞭解情況檢查工作，大家都知道她。連我們都投了她的票。她是全票通過的。敵人又問我他們說得對嗎？我仍然以「不知道」作答。

在審訊過程中，我曾設法探問過這對叛徒去過三十六師沒有。他們回答說：已不需要我們去長汀了，因為瞿秋白的身分已被搞清，在三十六師他自己也承認了；現在需要的是還有女的沒有查明，才叫我們來指認你。

這兩個叛徒在中央政府和紅軍工作過，敵人會知道他們是認識瞿秋白的。已不用他們去三十六師指認，說明瞿的身分在這之前已被敵人搞清楚了，或是在長汀已有人指認他了。

在敵人一次又一次的審訊和誘逼之下，我始終沒有吐露留守中央蘇區的項英、陳毅等領導人及其活動情況；始終沒有吐露瞿秋白和我等經福建、廣東去香港、上海做黨的地下工作的行動計劃；始終沒有吐露由閩西經廣東，通往香港、上海的我黨地下祕密交通線，這條交通線在我們被俘之後很長時間內沒有遭到破壞，這說明瞿秋白也保守了這一機密。敵人對我完全失望，最後就以「共匪堅定分子」的罪名將我判了十年徒刑。將我投入了龍岩監獄裡一間連白天也沒有一絲亮光的黑牢裡。非人的黑牢生活之苦一言難盡。但就在這黑牢中，經我接生，張亮生下了孩子。

這非人的黑牢生活一直延續到一九三八年國共第二次合作後釋放政治犯時，才碰巧由梁柏台一位小學時的同學將我們保釋出獄，經他幫助，我和張亮帶了孩子，到了梁柏台的家鄉，以期打聽柏台的消息，去找黨。不料得到的竟是柏台犧牲的噩耗。而後，我們經上海輾轉南昌、武漢找尋黨組織。這些已與本題無關，就不一一贅述了。

時光之河已無情地流逝了半個世紀，一切已成為歷史的往事。然而，對我來講，卻仍歷歷在目。瞿秋白在解長汀不久，敵人便用罪惡的子彈奪去了這位優秀共產黨人的生命，扼殺了中國歷史上一個難得的人才。他那用鮮血和生命寫就的歷史，在「文革」中卻被墨寫的謊言任意塗抹。我則在一九五五年便因瞿秋白案而被長期關押審查，並判處

晚年平反出獄後周月林以離休老紅軍身分定居浙江新昌縣（其丈夫梁柏台故鄉），直至一九九七年十二月去世，享年九一歲。

十二年徒刑，蒙受冤獄二十餘年，直到黨的十一屆三中全會之後，才被平反，恢復我一九二五年參加革命的歷史，享受離休紅軍幹部待遇。被歪曲的歷史終於被重新糾正過來了。瞿秋白已恢復了他應有的歷史地位。我雖沒能目睹瞿秋白同志從容就義的英姿，但他在突圍和被俘前後，那身處危境而坦然自若的態度，以及他對敵人的清醒認識，對可能被俘和犧牲的充分準備和對革命同志的真摯感情，卻是我親眼目睹、親身感受的。我既有沉冤得雪的今天，便必須將這段史實訴諸後人。

編注：

①這篇回憶錄是浙江省中共新昌縣委黨史研究室研究人員陳剛、袁相標於一九八三年五月對作者進行的訪談筆錄，陳剛一九八四年九月整理，經作者審閱，發表於《浙江黨史通訊》一九八八年第七期。

瞿秋白被害經過①

宋希濂

一九三四年九月二十七日，我和紅軍作戰負傷後，被送醫院治療，一直到一九三五年五月才回到長汀三十六師師部。

我回來時，瞿秋白先生已經被捕，從上杭送到長汀十多天了，這裏將我所知道的瞿秋白先生被捕到就義的情況記敘如下：

一九三四年十月，中國共產黨領導的紅軍主力部隊離開江西根據地，進行了舉世聞名的長征，但仍留下了一部分力量於贛閩邊區，繼續從事游擊戰爭，以牽制蔣軍兵力。三十六師是於一九三四年十月繼白衣洋嶺戰役後經河田進入長汀的。一九三五年二月間第十師他調，湯恩伯以縱隊司令的名義指揮第四、第八十九兩師及另外的一個師加上別動總隊及江西保安團等，到了瑞金、會昌一帶。約在三月下旬或四月上旬，湯恩伯打電報通知三十六師，說有共軍約七、八千人，歸項英、陳毅統帥，在瑞金、會昌、長汀間地區活動。說他奉委員長（蔣介石）命令，負責迅速肅清這股共軍。他們到了那裏不久，湯恩伯便從瑞金方面發動了進攻，以絕對優勢的兵力，還有空軍的幫助，逐步向贛閩邊境的紅軍壓迫，紅軍進行了英勇的抵抗和反擊，傷亡頗大。由於兵力過於懸殊，項、陳兩將軍立即採取化整為零的辦法。依據當時的情況推斷，紅軍大約主要是分成三部分分頭突圍。向東走的一部約一千人，被三十六師一〇八旅所截擊，陷於包圍中，經過戰鬥，被解除了武裝。從俘虜的口供中，得知紅軍的主力部隊向西走，另有一部三百餘人早先向上杭方面去了，在這三百多人中，有瞿秋白先生在內。鐘彬旅長立即將此情況電報長汀三十六師師部，師參謀長向賢矩根據這個情報急電報告東路軍總司令蔣鼎文。當時在上杭並無正規部隊，只駐有福建省政府所屬的保安第十四團，團長鐘紹葵，蔣鼎文立電該團嚴密清查瞿秋白的下落。在此之前向上杭方面走的紅軍三百多人，已被該保安團所截俘，內中有二十餘人，經該團查明是紅軍幹部，寄押於上杭縣政府的監獄裏，瞿秋白先生當時化名林琪祥，說是在紅軍部隊中做文書工作的，即在其中。保安團接到蔣鼎文的電令後，一則感到他們的責任重大；一則覺得如能將瞿秋白清查出來，可以邀功邀賞，所以，十分賣力氣來進行這一工作。他們先將所俘紅軍士兵三百餘人再逐一查問，證實這些人中沒有疑問後，便肯定瞿秋白先生是在那二十多人中，於是進行個別審問，一次，兩次，……仍然沒人供認，遂使用嚴刑拷打和「誰說出來就釋放誰」的雙管齊下的辦法，結果其中有一個人經不起革命的考驗而變節了，供出了林琪祥就是瞿秋白。蔣鼎文接保安第十四團查出了瞿秋白的電報後，即命該團將瞿秋白解送到長汀三十六師師部。聽說該團派了一個連押送，三十六師還派了隊伍到中途去接。

我經過很長時間的回憶，對於秋白先生被捕的日期和送到長汀的日期，始終難以明確，送到長汀的日期，可能為五月上旬或中旬。

三十六師司令部住[駐]在長汀靠西頭路南的一棟中等地主所謂縉紳之家。進大門有一個小天井，靠左手邊有一間廂房，長約一丈一尺左右，寬約七、八尺，門向南，窗子向西，室內有一張中國式的床，安置在東邊靠著牆，一張書桌安置在西邊靠著窗戶，一個洗臉架安置在北頭，還有一把木椅和一條板凳，秋白先生自到長汀那天起到就義止，就是住在這間屋子裏。在瞿先生正對面的一間廂房，住著一個副官蔣昌宜和幾名警衛，他們負著雙重任務——監視和照料生活。中間是堂屋，不怎麼大，空無所有。進裏面就是所謂正房，左右各一間，兩邊還有幾間廂房，我和向賢矩及秘書、侍從副官、衛士等住在這裏。其他各處（如參謀處、副官處等）則住在後院和附近的一些民房裏。

秋白先生原來穿什麼衣服，我不清楚，我見到他時，他是穿著一件灰色夾布長袍，一雙淺口的布鞋和藍色線襪。

秋白先生每天除了刻圖章或有時和人談話以外，大部分時間便是寫寫感想和作詩，有時也談談古文和唐詩（當時在長汀，也找不到其他的書）。在一個多月的時間裏，瞿先生在他生命的最後階段，在大約是一百張（或六十張）十行紙訂成的一個本子上，用毛筆寫了一長篇《多餘的話》和一些詩詞。這個本子，他托向賢矩代為寄交某人，秋白先生就義後，向賢矩曾交給我看，我只是粗枝大葉地看了一遍就交還他，沒有認真研究，所以對於內容記不起來了。

據秋白先生說他因健康情況不大好，所以沒有隨紅軍主力部隊北上，原打算轉到上海去療養，不料在上杭被捕了。他在長汀一個多月，沒有生過大病，但常有些咳嗽及頭暈的情形。他身軀頗為單弱，臉部顯得清瘦。

關於秋白先生在這一時期的思想情況，向賢矩和他接觸較多，可能比任何人都要瞭解得多些，可惜向賢矩去世了。②

我和秋白先生只談過一次話，由於自己當時的反動立場，對真理和是非沒有正確的認識，在一些重要問題上，彼此間意見是完全對立的。記得我回到長汀後的第三天，我到秋白先生室內去看他，先談了一些生活情形和他的身體情況後，轉而談到政治問題。

我說，「我這次回來，從龍岩到長汀這一段，數百里間，人煙稀少，田地荒蕪，有不少的房舍被毀壞了，我想以前不會是這樣荒涼的。這是你們共產黨人搞階級鬥爭的結果。我是在農村裏生長的，當了多年軍人，走過許多地方，有五百畝地以上的地主，在每個縣裏，都是為數甚微，沒收這樣幾個地主的土地，能解決什麼問題？至於為數較多，有幾十畝地的小地主，大多都是祖先幾代辛勤勞動積蓄起幾個錢，才逐步購置一些田，成為小地主，他們的生活水平如果同大城市裏的資本家比較起來，簡直有天壤之別。向這樣的一些小地主進行鬥爭，弄得他們家破人亡，未免太殘酷了！因此我覺得孫中山先生說中國社會只有大貧小貧之分，階級鬥爭不適合於我國國情，是很有道理的。」

秋白先生說：「孫中山先生領導辛亥革命，推翻了幾千年來的專制統治，這是對於國家的偉大貢獻。但中山先生的三民主義，把中外的學說都吸收一些，實際上是一個雜貨攤，是一種不徹底的革命。中山先生一生的大部分時間都生活在大都市裏，對於中國的社會情形，尤其是農村情況，並沒有認真調查研究過。中國的土地，大部分都集中在地主富農手裏，只是地區之間有程度的差別而已。我們共產黨人革命的目的，是要消滅階級，不管是大地主還是小地主，不管是大資本家或是小資本家，他們都是屬於剝削階級，即地主階級和資產階級。有地主，就有被剝削的農民，有資本家，就有被剝削的工人，怎能說階級鬥爭不適合於我國國情呢？顯然這種說法是錯誤的。」

秋白先生在這個問題上說了許多話，我記不完全，只能概述當時他所說的大意。

接著秋白先生又說：「宋先生，你一路上看到有些地方人煙稀少，田地荒蕪的情形，當然是事實。但是不是因為我們共產黨人搞階級鬥爭，弄得勞動力減少了，有土地沒有人耕種呢？事情不是這樣的。我們為了保衛蘇區，有許多壯年人參加紅軍或地方武裝，使農村勞動力受到一些影響，是不可避免的。但你們對我們施行嚴密的封鎖，蘇區的經濟完全靠發展生產來自給，在你們未向我們進攻以前，這些地方的田地並無荒廢的情形，你們來了，老百姓逃跑了，土地無人耕種，所以顯得荒涼，我想主要的是這個原因。至於一些房舍被毀壞，恐怕大部分是由於戰爭所造成。」

我和他進行了爭論，爭論的詳細情形我記不清楚了，只記得在最後我曾說過這樣幾句話：「根據江西省政府最近的調查報告，說自民國十六年（即一九二七年）共產黨在南昌暴動起，隨後在農村搞分田運動，一直到共軍退出江西根據地，僅七年的時間，江西省人口減少了八百萬，我過去讀歷史，說黃巢殺人八百萬，感到寒慄，今天你們搞階級鬥爭，更不知道要死多少人？實在是太可怕了！」

秋白先生對江西省政府的調查報告，表示懷疑，認為是有意誇大數字，借此來誣衊共產黨。同時秋白先生又說，在激烈的階級鬥爭過程中，人員的死亡和人口的減少，是免不了的，造成這種情形，主要是要由國民黨負責，因為國民黨先後調集了百萬以上的軍隊來圍攻我們。

以上是我和秋白先生談話的大概情形。

蔣介石得悉拘捕了瞿秋白的消息後，即令國民黨中統局派了兩個人由南京趕來長汀和秋白先生談話，[3]想勸秋白先生背叛共產黨，並交出共產黨內部的組織情況，但一點沒有達到目的。

一九三五年六月初，我接到駐南京辦事處的電報，說本師有調動的消息。瞿秋白的問題如何處理是需要及早解決的。因此，我分別打了一個電報給蔣介石和蔣鼎文，請示處理辦法。我好像記得發給蔣鼎文的電報裏，還談到如送去漳州，怎樣解決路上的安全問題。以後聽說蔣鼎文也有電報向蔣介石請示。

一九三五年六月十七日我先後接到蔣介石和蔣鼎文均是「限即刻到」的電令：「著將瞿秋白就地處決具報」。當天晚上我和向賢矩及政訓處長蔣先啟、特務連長余冰研究了執行這個命令的具體措施。商定：六月十八日上午十時在中山公園槍決；在司令部通往中山公園的路上及中山公園的周圍，均有警衛連嚴密警戒，禁止老百姓觀看；十八日晨早餐後，由向賢矩將蔣介石的電令交瞿秋白看；由蔣先啟隨伴瞿秋白前往中山公園，並負責監督執行。

六月十八日早晨八點多鐘，在警戒方面部署妥當後，向賢矩進入秋白先生室內，將蔣介石的電報交秋白先生看，據向賢矩告訴我，瞿先生看了後，面色沒有一點變化，若無其事。九時許，我和司令部的大部分幹部，共約一百多人，都先後自發地走到堂屋裏來了，九時二十分左右，秋白先生在蔣先啟的陪伴下走出他住了一個多月的小房間，仰面向我們這些人看了一下，神態自若，緩步從容地走出大門。時間只是一剎那，但秋白先生這種視死如歸的偉大精神，使我們這些人既震驚，又感動，默默離開了那間堂屋。

由司令部走到中山公園，只有六、七百步，這個公園占地不大，環繞一圈，不過兩里多，周圍有些樹木，中間有一小運動場，靠東邊有一個用土磚砌成的講臺，除此以外，別無其他建築，亭臺樓閣的點綴，這裏是一點也沒有的。

秋白先生在蔣先啟的陪同下，來到公園，在那座講臺的前面停下來，當時除周圍擔任警戒的士兵外，在場的僅有特務連官兵三十餘人。

執行後，蔣先啟回到司令部向我和向賢矩報告執行情況，說秋白先生到了公園後，向在場的人作了十多分鐘的講演，主要是說共產主義是人類最偉大的理想，是要實現一個沒有剝削沒有壓迫的世界，使人人都能過美好幸福的生活。他相信這個理想遲早一定會實現，中國共產黨最後一定會勝利，國民黨的反動統治最後一定會失敗等語（大意如此）。秋白先生講完，舉起右手，高呼：

打倒國民黨！

中國共產黨萬歲！

共產主義萬歲！

據蔣先啟說，當秋白先生喊完口號後，他便命令士兵開槍，結束了秋白先生的生命，時間約在十時左右。④

將秋白先生處決後，我叫人買了一口棺材裝殮，即埋葬在中山公園的旁側。在六月十八日下午，我將處決瞿秋白的情形，分電向蔣介石、蔣鼎文報告。

我國歷史上一位傑出的革命家和文學家——瞿秋白先生，竟死於我之手，將我碎屍萬段，亦不足以蔽吾之辜！這是我一生中最大的憾事。

編注：

①本篇摘自《鷹犬將軍——宋希濂自述》第五章「參加第五次『圍剿』・瞿秋白被害經過」（中國文史出版社1986年版）。此文初稿作於1963年，當時系中國革命博物館（今已併入國家博物館）所徵集資料。

②關於向賢矩的死，一九五三年六月新華社長沙二日電訊——《殺害瞿秋白烈士的兇犯伏法》：「一九三五年殺害瞿秋白烈士的主犯向賢矩、陳定兩首惡反革命分子，經湖南省人民法院詳細審訊並呈報中央人民政府最高人民法院批准後，已於五月二十一日在長沙市槍決。向犯賢矩在一九三五年曾任國民黨匪軍第三十六師少將參謀長，陳犯定任少校副官，是向犯的主要幫兇。當時匪軍三十六師

是進攻我中央革命根據地的匪軍主力。向犯曾直接指揮匪軍殘殺我大批革命戰士和革命老根據地的人民。據向犯供認，在福建長汀中山公園一次就殺害中國工農紅軍領導幹部和共產黨員一百多人。一九三五年瞿秋白烈士被俘後，向、陳二犯曾多方設計偵察瞿秋白烈士的革命職務，在審訊中對瞿秋白烈士使用各種酷刑，但始終沒有獲得瞿秋白烈士任何口供。一九三五年六月十八日該犯等將瞿秋白烈士殺害於福建長汀西門外羅漢嶺。

③「向犯在解放前夕還曾充任國民黨匪軍『川湘鄂邊區總司令部』少將高級參謀。解放後，又潛伏湖南長沙企圖進行陰謀破壞活動，一九五二年七月湖南省公安機關根據人民群眾的檢舉，將向犯逮捕。陳犯在一九四九年在雲南率領匪部和人民解放軍頑抗，被人民解放軍擊潰後捕獲解返湖南。」關於南京派人專程到長汀勸降事，李默庵回憶說：「蔣介石得知瞿秋白被捕後，曾派國民黨中統局的兩個人到長汀來勸降瞿秋白。那兩個人來到了龍岩，後由我陪同，用車子送到長汀。我記不得那兩個人的姓名了，只記得上路後，天下人雨，路上很不好走，車子走了兩天才到長汀。我把他們送到後，隨便問了問部隊的防務情況便趕回龍岩了，沒有去見瞿秋白。……瞿秋白被處決後，第三十六師將情況上報於我，並轉來瞿在獄中所寫的一份材料。那是一份厚厚的材料，題目為《多餘的話》。我翻閱了一下，內容是用毛筆工整地寫在舊式十行紙上的，筆跡很清秀，[按：據宋希濂的回憶所上報的並非瞿的手稿，是抄件副本，手稿則按照死者遺願寄其親友。]多是講了瞿自己的一些感想和對革命的認識，具體內容已經記不清了。我看後，感歎於瞿先生的思想和文采，同時也覺得這是一份很重要的文件，沒有留滯，很快派人將此件直送南京政府。不久之後，瞿秋白的這篇文稿便在國民黨的報紙上刊登了出來。由於我處置得當，使這份珍貴的文件得以流傳於世，我為此，也感到幾分自慰。」（《李默庵回憶錄》第九章「五次『圍剿』進占瑞金」；中國文史出版社1995年版）關於勸降詳情參閱本書所收《勸降問答錄》。

④關於瞿秋白押赴刑場執刑情況參閱本書所收原始資料的記載。

回憶瞿秋白獄中寄出的信①

楊之華

一九三四年底，一個大雪紛飛的黑夜，因為魯迅有病，我跑去看他。我從大陸新村的後門進去，走上熟悉的樓梯，在二樓的房間裏，我看見魯迅坐在火盆邊烤火，他的頭髮、鬍子很長，臉削瘦的厲害，眼睛深陷了進去。他的清瘦和臉上陰鬱的氣色使我吃驚。我坐在火盆旁邊，問他身體好一些了沒有？他並沒有回答我的問題，卻問我：「聽說秋白在蘇區病死了，這個消息確實否？」我告訴他，我沒有聽到什麼消息，恐怕不會吧。他要求我：「把消息打聽清楚後告訴我。」他又關切地囑咐我：「你自己也應多加小心。」後來，我寫信給他，告訴他秋白並沒有犧牲。

從這以後，機關被破獲的越來越多，蘇區的交通也斷了，困難更多了。為了魯迅的安全，我決不再去看他，到了第二年一月，我的住宅也被搜查了，在上海的機關幾乎百分之九十以上被破壞，有一位住在機關的老太太把我從搜查過的機關中接了出來。在她的親戚家碰到了杜延慶同志，他要急救一位同志出醫院（因為機關破壞被牽連到醫院）但沒有錢，我就寫信給魯迅，從他那裏取來五十元，幫助了一位同志就沒有被捕。我和杜延慶等商量為了隱蔽自己，並在工人群眾中建立黨的組織，我和杜延慶同志在群眾的幫助下，都參加了生產，我投考英商班達蛋廠去做工。不久，我知道魯迅在找我，叫我趕快去拿信。我因為自己去他家不妥當，托了一位工人代我去取回來信。信是從福建寄給魯迅的，大概的意思：

「我在北京和你有一杯之交，分別多年沒通消息，不知你的身體怎樣，我有病在家住了幾年，沒有上學。二年前，我進同濟醫科大學，讀了半年，病又發，到福建上杭養病，被紅軍俘虜，問我作什麼，我說並無擅長，只在醫科大學讀了半年，對醫學一知半解。以後，他們決定我作軍醫。現在被國民黨逮捕了，你是知道我的，我並不是共產黨員，如有人證明我不是共產黨員，有殷實的鋪保，可釋放我。」

信尾署名是「林其祥」。這裏秋白暗示他當時的入獄情況和口供。

秋白被捕了！怎樣才能搭救秋白？怎樣才能多知道他的情況，再和他見面？我一面工作，一面想盡辦法找鋪保。整夜整夜地睡不著覺。杜延慶也和我同樣地奔忙著，設法找鋪保。終於，我找到牧師秦化人，他說他有一個開旅館的朋友，答應為秋白作保。在這時，周建人先生又拿了秋白給他的一封信給我看，信中寫他在上杭被捕，在獄中衣單薄，夜間很冷，食物又少，受凍受餓，管監獄的告訴他：如有殷實鋪保或有力的團體可以保釋。看了這封信，我親手給他做了兩條褲子，魯迅又一次送來了五十元給秋白用，我把這錢連同鋪保一起從郵局寄去了。

第二天，報上以巨大篇幅登載了秋白被捕的消息，我一看報，知道秋白不能活了，馬上派人去看魯迅先生。那人回來告訴我，魯迅木然坐在那裏，一言不發，頭也抬不起來了。後來周建人先生來看我，說魯迅轉告我一個消息：當秋白被捕後，國民黨在南京召開了中央高級幹部會議，討論要不要殺死秋白，蔡元培提出來像秋白這樣有天才的人，在中國不可多得，主張不要殺他，但戴季陶等國民黨反動分子堅決要殺害秋白。

過了幾天，有一個人跑到我母親家裏，說秋白有信給我哥哥和我，我哥哥不在上海，這兩封信，他一封也不肯交出來，只說秋白「自首」了。我妹妹跑來找我，我心裏已經明白了，對她說：「秋白決不會自首，那是個壞蛋。你不能再到我這裏來。」並告訴她，如有可能，最好把兩封信騙下來。

第二天，我妹妹拿來秋白給我哥哥的信，信上寫道：「我的事想你們在報上已看到了，我要和你們永別了。之華是我生平唯一的知己，或者她也被捕，我知道你們是不會知道她的下落的。但我要留最後一封信給她，想你們也沒有辦法轉給她，那麼，就請你們投寄給葉聖陶先生作為寫小說的材料吧！望你們保重。」

秋白給我的最後一封信，那個壞蛋始終不肯交出來，並無恥地欺騙我母親說：「秋白自首了，他要我親手交給她，這封信不能由你們轉交。」他拿著那封很長的信，在我母親眼前晃了晃。

我相信秋白，正像秋白相信黨一樣。我記起秋白在白色恐怖嚴重的時候，我們常常談到被捕和死的問題。秋白說：「我們的不自由是為了群眾的自由，我們的死是為了群眾的生。」「被捕在革命中是難免的，反真理的人不配審判為真理而鬥爭的人，到那個時候真理要審判反真理的敵人！」秋白是一個堅定的共產黨員，決不會背叛他的信仰的，雖然我渴望看到秋白給我最後的一封信，但是，我不能上敵人的當，終於拒絕去取秋白這封最後的也是最寶貴的信。

編注：

①本篇摘自楊之華《憶秋白（十一）》一文（見人民文學出版社1981年出版的《憶秋白》一書），題目為本書編者所加。

瞿秋白獄中來信

周建人

記不清確切的日期，是在一九三三年底還是在一九三四年初，秋白告別了魯迅，到中央蘇區去了。這時候，楊之華也不常來了。

我們懷念著秋白，這是一個不能不令人懷念的人物，他所去的地方，又是一個不能不令人懷念的地方。

春去秋來，秋白的音訊斷絕了。

「不知何苦怎麼樣了？」魯迅有時這麼說。「何苦」是我們對秋白的稱呼。

但誰也不知道，連楊之華也不知道。

大約在一年多以後，一九三五年初春，春寒比冬天還冷，但春寒畢竟很快要過去了。

我仍在商務印書館上班，有一天，茶房（當時對服務員的稱呼）送到我手裏一封信。這是一個白色的洋信封，上面的筆跡是瞿秋白的，翻過信封一看，有一個大印：「福建長汀監獄署」。

我心中一驚，拆開信封。

信裏的一字一句我記不全了，但我清清楚楚記得的是，他講自己是一個生意人，到福建來做生意；另外，他講天氣冷了，他在獄中衣被單薄，很冷，需要一些衣物或錢；最後他講到，只要上海有殷實的鋪保，這裏就可以釋放。

信裏最後的署名是「林其祥」。有人說他在獄中用的假名是何其祥，這當然也有可能，他在上海常常姓「何」，但是我記得我收到的信，署名是「林其祥」。因為我還和魯迅議論過，魯迅說：「瞿」字上面是雙目，目木同音，雙木為林，至於「其祥」，那是一個很普通的男人名字。

我收到這封信以後，想很快讓楊之華知道。那時，楊之華已經進工廠做工，不常來了，但她留下一個地址。我馬上寫了一封信給楊之華，信中暗示我有重要的消息告訴她。第二天，有一個大約十五、六歲的少年，模樣像工人而不是學生，到我家來，取走了這封信。我不知道這少年的姓名，但楊之華講過，她的行動不自由，不便出來，有事情會派一個少年來的，所以我把這信交給了這少年。

當時有哪一家店鋪來保一個獄中囚犯呢？馬上開個店鋪，又談何容易？除了錢以外，還要找一個能出面的經理，到國民黨當局去登記，要求核准。

楊之華也在奔走，她對我們說：秋白恐怕沒有活的可能了。

接著，在報上看到了秋白犧牲的消息。

我沒有看到過《多餘的話》，也沒有聽魯迅說起他看過。當時，誰也沒有想到要找《多餘的話》來看看，而是忙著設法營救。後來，《多餘的話》竟成為誣陷瞿秋白為叛徒的所謂罪證，這是我做夢也沒有想到的。這個所謂叛徒的罪證，即使被有的小報公佈了，我還是不想找來看看，我在當初和後來，都沒有把《多餘的話》看得那麼重要。

我相信的是一個人的行為，是他自己寫下的無言的記錄。有的人是言行一致的，有的人是言行不一致的。言行一致的當然好；言行不一致的，有各種情況，有的人是言論上的巨人，行動上的矮子；有的人是以革命的詞藻來掩蓋反革命的勾當；有的人謙虛，做了而不說；有的人浮誇，只說而不做。我們往往容易上政治騙子的當，也就因為輕信了他們的宣言。

我到現在也沒有看過《多餘的話》，現在是因為我的視力衰退了。但我聽說《多餘的話》中最後有這麼一段：

「如果我還有可能支配我的軀殼，我願把它交給醫學校的解剖室。聽說中國的醫學校和醫院的實習室很缺乏這種科學實驗用具，而且我是多年的肺病結核患者（從一九一九年到現在），時好時壞，也曾經照過幾次X光的照片，一九三一年的那一次，我看我的肺部有許多瘢痕，可是醫生也說不出精確的判斷，假定先照過一張，然後把軀殼解剖開來，對著照片研究肺部狀況，那一定可以發現一些什麼，這對肺結核的診斷也許有些幫助。雖然我對醫學是完全外行，這話說得或許是很可笑的。」

我聽說有這麼一段話，真是感動極了。秋白在四十五年前有這樣的思想，確是十分先進的。

不久前有一個老朋友患一種病去世了，臨死時，血從他的七竅滲透出來，醫生都弄不懂這是什麼病，要解剖屍體，但家屬堅決不同意。這不知是什麼思想？好像是有那麼一種人，拔一毛而利天下，不為也。如果讓醫學有進步，今後能及早診斷，挽救更多人的生命，該有多好呢！

……

編注：

① 此篇節錄自作者回憶文《我所知道的瞿秋白同志》，原載1980年3月16日《解放軍報》。

[附錄二]

未曾忘卻的往事①

——周月林訪談錄

胡居成

周月林，女，浙江人。中華蘇維埃共和國第一任婦聯主任（當時稱婦女生活改善委員會）、中央政府主席團成員，任過中共中央婦女部長、國家醫院院長。一九三五年二月與瞿秋白、何叔衡等在突圍中被俘，直到一九三八年初才被保釋。一九五五年因懷疑她出賣瞿秋白被公安機關逮捕，一九六五年被判刑十二年。

不久前，得知她的錯案得到平反昭雪，至今仍健在，住在梁柏台的家鄉浙江新昌縣安度晚年，我便專程前往拜訪。

半個多世紀前的一段往事，她不知複述過多少遍了，但是，聽信的人不是很多。這次，我的採訪，又一次打開了這位七十三歲老人的記憶的閘門：

一九三五年一月，堅持中央蘇區鬥爭的紅軍一萬多人，被二十多萬白軍壓縮在狹小的包圍圈裡，隨時都有全軍覆沒的危險。二月上旬的一天下午，瞿秋白遵照中央分局的安排，和何叔衡、鄧子恢、張亮（項英妻子）及我一起向福建長汀轉移。

主力紅軍長征前夕，毛澤東主持召開部長會議，會上提到哪些部長和部隊一起出動，其中沒有瞿秋白。瞿秋白要求參加部隊行動。毛澤東當場沒有回答。當時任中央政府國民經濟部部長的吳亮平小聲問毛澤東：「為什麼不讓瞿秋白走？」毛澤東說：「我在中央局會議上對他們（指博古等）說過，他們不同意。」後來，瞿秋白又向任中央政府人民委員會主席的張聞天提出，張聞天向博古反映，博古仍然反對。中央紅軍出動的第二天，即十月十一日，瞿秋白去醫院看望開刀後的陳毅，陳毅見他身體很虛弱，就把自己的白馬和強壯的馬夫給瞿秋白，要他去追趕中央機關，跟部隊撤出。瞿秋白坦然地說：「組織決定我留在後方，我服從。」

瞿秋白對到會的何叔衡、張亮和我說：「中央分局決定我們到白區做地下工作。從福建、廣東到香港，如在香港能接上黨的關係，就留在香港工作，如接不上黨的關係，就去上海。不管是到香港還是到上海，我們都要設法儘快找到黨組織，做力所能及的工作。」說到這裡，瞿秋白手捂胸口，咳嗽一陣之後又喘吁著說：「分局安排我們先到福建省委，由他們設法送我們出境。鄧子恢回閩西與張鼎丞一道領導游擊戰爭，與我們一起走。」

瞿秋白講完，請何叔衡講。何叔衡已到花甲之年，加上近幾個月的幸苦勞累，越發顯得老態了，鐵灰色頭髮亂蓬蓬地倒垂下來，臉呈灰白色，額角滿是皺紋，稀疏的黑白相間的鬍鬚長得滿口皆是。早在去年十二月間，陳毅多次動員他轉移，他執意不肯，說年紀大了有年紀大的好處，講演作宣傳，年輕人聽得進信得過。他經常到縣、區、鄉檢查指導工作。每到一地，他都要召開青年團骨幹會議，讓大家談思想，然後有的放矢的做思想工作。項英對此很滿意，多次號召機關幹部向何叔衡學習。這次，中央分局決定他突圍轉移，他說：「從我本人來講，我是不願意離開部隊的，既然組織決定了，我服從。」

張亮挺著大肚子說：「我能把女兒帶著嗎？我要送給房東，她說她有一個小女兒，帶不了兩個。朗格辦呀！」

瞿秋白考慮一會說：「你回去跟項主席再商量一下吧，帶孩子走怕不太方便。」

我插話說：「是呀，你肚子裡懷著一個，手裡再抱一個，哪能走動路啊？」

張亮不高興地白了一眼我說：「誰像你呀，無兒無女，無憂無慮！」

其實張亮說得不對，一九三一年五月，我和丈夫梁柏台，為了回國參加革命鬥爭，將兩個加起來還不滿三周歲的女兒、兒子留在蘇聯，至今音信全無。

散會後我回到中央政府辦事處駐地牛皮腰老屋場時，天已經完全黑了，柏台和陳毅正掌燈清理文件。我說：「清理文件還這樣緊張，覺不睡，飯也不吃呀？」

陳毅笑呵呵地說：「這比吃飯睡覺重要的多哩，這些文件一旦落到敵人手裡，就會成為打擊老子的顆顆重磅炸彈！」

柏台站起來說：「月林你來得正好，我和老陳正考慮派誰去監督隱藏這些文件，你去……」

陳毅插話道：「派月林去我最放心了。月林啊，我派一個班護送你把這六鐵皮箱文件隱藏在五陽山上。可別小看這些文件，將來革命勝利了，它就成為黨的無價之寶了！」

我說：「對不起，我們下午開會了，後天要走啦！」

陳毅說：「那我另外再派人。」

柏台考慮一下後朝陳毅說：「他們去福建省委正好路過五陽山，可否讓月林先走一天，把文件隱藏好在路上等秋白他們？」

陳毅沉吟半晌說：「好倒是好，只是明天就走，月林怕來不及準備吧？」

我爽快地說：「不帶吃不帶穿，幾塊光洋往口袋裡一裝就了事，有什麼好準備啊。」

陳毅聽我這樣一說，就下決心說：「要得，你明天天一亮，就押著文件箱動身。」

我怎麼也沒想到，和柏台這一別，竟成了永訣。

我在五陽山藏好文件，等了一夜又半天的時間，瞿秋白他們在一個警衛排的護送下來到了。瞿秋白、何叔衡、張亮都坐擔架。我和鄧子恢年輕身體好步行。我們先去長汀縣四都山找福建省委。這一帶當時敵人還沒有全部佔領，我們只走了一天多，就順利地找到了福建省委和省軍區。省委領導人和瞿秋白、何叔衡、鄧子恢都熟悉，看了中央分局的介紹信後說：「現在敵人很猖狂，對中央蘇區封鎖很緊，盤查很嚴。是不是把你們化裝成商人和眷屬，和已經抓起來的不法商人混在一起押送到邊境，戰士朝天開槍，掩護你們同商人一起逃跑，穿過敵人的封鎖線。」

瞿秋白搖頭說：「這樣怕不妥，我們五個人中只有子恢和月林身體較好，戰士一開槍，敵人必然出動，危險性很大。」鄧子恢插話說：「同商人混在一起，也難保不暴漏身分。還是再想想其他辦法吧。」

大家考慮了一會，省委領導人又提出第二個方案：讓我們五人喬裝成紅軍的俘虜，戴上面罩，由護送排「押」送出封鎖線。大家覺得這個方案較好，一是路上不易被敵人密探認出來，二是過封鎖線時，萬一被敵人發現，護送的戰士可以抵抗一陣，掩護我們走脫。

瞿秋白找來護送排長，把方案告訴他。大約在二月二十日，我們從四都小金村出發，向永定方向前進。瞿秋白提出：「避開村莊走山路。」

閩贛邊盡是連綿起伏的山峰，山上古樹陰森，野草榛莽叢生，路徑很難辨認。我們請了一位砍柴人當嚮導，才找到一條崎嶇的山間小路，大家一個挨一個地前進。何叔衡幽默地對瞿秋白說：「秋白啊，這是蛇走的路，是你們文人作詩寫文的好材料。」我感到迷惑不解，就問何叔衡：「蛇走的路！你怎麼知道？」何叔衡笑道：「你看，這路窄得只能一人通過，又彎又曲，彎彎曲曲，不象蛇一樣嗎？」何叔衡的回答，逗得大家笑起來，驅走了滿身的疲勞。但瞿秋白沒有怎麼笑，他對何叔衡說：「過去這一帶都是我們蘇維埃的地方，來往很安全，現在成了敵人的了，唉，很可惜啊！」何叔衡說：「我們得有最壞的思想準備，萬一突不出去，寧可犧牲，也決不活著給敵人抓去。能為蘇維埃流盡最後一滴血，也就滿足了。」瞿秋白緊接著說：「何老說的對，為革命犧牲，是人生最大的光榮！」

我聽著他們的對話，心裡感到很不好受。想到何叔衡擔任中央政府工農檢查人民委員和最高法庭主席時，經常到我家來找負責司法部工作的柏台磋商工作。何叔衡對法院工作十分慎重、負責，經常對我和柏台說：「我這顆印子可不好動啊！每動印子就有幾個晚上睡不好覺。」我不解地問：「動動印子有什麼睡不好呢？」何叔衡非常鄭重地說：「月林啊，我的印子一動，就要人頭落地啊！印子就像一把刀，我蓋了印，就好像我殺了人一樣。」何叔衡在擔任最高法庭主席兩年時間中，對每一個案子從不草率從事偏聽偏信，這樣對人民負責的精神是何等可貴啊！毛澤東曾稱譽他：「何鬍子是一堆感情。」可是左傾機會主義者卻給他扣上「右傾機會主義」、「富農路線」等帽子，予以殘酷鬥爭，無情打擊。

我們在彎彎曲曲的山路上跌跌爬爬走了四天，於二十四日晚來到了長汀縣水口村，我們必須從這裡渡過汀江才能到永定去。但是，這裡只在村附近有一座橋可過，橋頭駐有敵保安團一個營，無法從橋上通過。瞿秋白決定，半夜從下游涉水偷渡。護送隊臨時用樹棍藤條紮了副擔架，準備抬瞿秋白、何叔衡過河。

半夜過後，我們來到河邊。半邊月亮掛在中天，水面上投下淡淡的銀光，增加了水上的涼意。早來尋找渡河地點的護送戰士們，有幾個已經站在河裡，鄧子恢第一個跳下河去。我見河水不深，要扶張亮一起過河，張亮不肯，她要等擔架。我想她懷孕在身，二月的河水還很冷，就沒有相強，獨自跳下河去，兩個戰士趕來扶我過河。

到了對岸，鄧子恢已在岸上等了。鄧子恢問我：「他們來了沒有？」我說「他們等擔架。」鄧子恢著急地說：「情況這樣緊急，越快越好啊！」

正說著，瞿秋白坐著擔架過來了。接著，戰士們又回去抬何叔衡，最後把張亮抬過來，來回三趟，耽誤了不少時間。

過河後繼續前進，走到一個叫小逕的村莊時，天已大亮了。大家準備吃了早飯再走。進村剛剛休息一會兒，飯還沒有吃，突然村外傳來槍聲，這是村口哨兵發現敵人的信號。原來我們這支小隊伍已被水口保安團發覺，分兩路包抄過來。鄧子恢指揮護送排阻擊敵人，掩護我和瞿秋白、何叔衡、張亮向附近山上撤退，張亮腿軟走不動，瞿秋白有病身體弱，我輪換扶著他倆跑。我們撤上山後，又遇到了駐上杭保安團鍾紹葵匪部的襲擊。在激烈的戰鬥中，鄧子恢和我們被沖散了。鄧子恢帶著少數戰士從山頭沖下山去，背上背著的一條軍毯，被子彈擦破好幾道口子。何叔衡被逼到一懸崖上，敵人叫著要他投降，他說：「那你就等著吧！」說完，縱身跳崖，壯烈犧牲，實現他「為蘇維埃流盡最後一滴血」的誓言。我扶著瞿秋白、張亮上了一座山頭，護送的戰士也上來了，護送排長要我們趕快下山。後山很陡，我們抱著頭，不顧一切的順著陡坡往下滾。

我滾下陡坡，顧不得渾身疼痛，立即站起來向周圍尋找瞿秋白和張亮。他們就在不遠的草叢裡躺著。我們都沒有摔成重傷，大難不死，都十分高興。

山頭上就是敵人，我們必須立即離開。我們步履艱難地向前走。瞿秋白和張亮由於不停地奔跑和不斷的摔跤，身體已疲憊不堪，在寸步難行的情況下，我們躲進一片芒杆、雜草叢中隱蔽休息。雜草叢中央是一口山塘，周圍長著半人高的芒杆和幾棵小樹，塘底還有積水。從外面向裡看，黑糊糊一片，從裡向外看，順著雜草的空隙能看到外面的山林。這是一個藏身的好地方。

瞿秋白進去時被雜草絆倒了，他抱著一棵小樹爬起來。敵人這時正好從山上搜查過來，看到一棵樹動，就大聲喊叫：「什麼人躲在裡邊？快出來，不出來老子要開槍啦！」「老子看見你啦，再不出來開槍啦！」嚇得面無血色的張亮聽到拉槍栓聲，不自覺地連聲說：「別開槍！別開槍！我們出去。」就這樣張亮、瞿秋白和我一起被捕了。

我們被四個保安團士兵押解去水口國民黨保安團營部。張亮在前，我在中，瞿秋白在後。走到半路我聽身後「卜通」一聲，轉臉一看，瞿秋白面朝地倒下了。一個敵兵用腳踢了踢，說：「死了，補他一槍。」我嚇得猛撲到瞿秋白身上，說：「不要開槍！不要開槍！他沒有死，是累昏過去的。」我邊說邊把瞿秋白翻過身來搖動，瞿秋白果然慢慢睜開眼，醒過來了。

「他是你什麼人？丈夫嗎？」一個士兵問，「要是你丈夫我們就不打死他，讓你這個漂亮妹子守寡可不好受。」「哈哈……沒關係，跟我吧，我還沒有老婆哩！」一個麻臉士兵對我動手動腳，我裝沒有聽見，架起瞿秋白就往前走。可是麻臉不讓我架，一定要瞿秋白自己走。瞿秋白搖搖晃晃，走得很慢，敵人就用槍托搗他、推他。我為了保護瞿秋白，故意拖在後面慢慢走。敵人推我，踢我，叫我快走，我不理不睬，仍然慢慢向前挪。敵人急了，上來兩個惡狠狠地抓住我兩隻胳膊，要強拉我走。我就勢蹲下來說：「肚子疼，走不動了。」麻臉走過來厚著臉皮說：「妹子，你肚子又不大，怎麼會疼？要是累了，來，哥哥我背你走。」「滾！」我推了他一個趔趄。

我們被押到水口敵營部時，護送的戰士有十幾個也被押在那裡。敵人把我們三人關在兩間瓦房的里間，護送的戰士被關在外間。

我們悄悄商量，一致同意繼續用紅軍「俘虜」的假身分編口供。瞿秋白要我先編，我想了想說：「我化名陳秀英，是被紅軍抓去的護士。我在國家醫院時學會打針、接生，也懂得一些醫務知識，不怕敵人審問。」

張亮對我說：「我就姓你的周叫蓮玉，是香菇商老闆娘，被紅軍綁票抓來的。」張亮把自己說成是老闆娘，瞿秋白和我覺得也像。她當時三十多歲，剛剛發胖，又會抽煙。最後，瞿秋白自編。他朝我說：「阿林啊，張亮同志姓你的周，我就姓你那個林吧，叫林其祥。原在上海同濟醫科大學學習半年，因生病到福建上杭養病，被紅軍抓去。」

我覺得這口供不妥當。對他說：「你又是大學生，又是醫生，目標太大了，敵人會注意的。」瞿秋白說：「我要說我是農民、商人、士兵像嗎？敵人會相信嗎？現在頂緊要的是敵人不懷疑你的口供。如果敵人一懷疑，那就完了。」

我們商量好後，就地躺下休息了。突闖進來兩個敵兵，架起我就往外拖。我一看不像是審訊，再仔細一看其中一個就是白天押我們來的麻臉。

我明白了，大喊大叫，拼命掙扎。瞿秋白和關在外間的紅軍戰士都猛然站起，擋住去路，怒目而視，要和敵人拼命。敵兵做賊心虛，吹著口哨灰溜溜地出去了。我躺在地上直喘氣，瞿秋白安慰說：「你不要難過，沒有被拖走就好了。他們是敵人，是野獸！唉，今天我才知道，到了這個地步，你們婦女比我們男子還要多一層痛苦啊！」

第二天，敵人開始審訊了。我們按編好的口供回答。敵人沒有問出什麼來，就將我們和被俘的紅軍戰士一起押送上杭縣城敵人團部。將瞿秋白和護送的紅軍戰士關押在一起，我和張亮關押在一起。

瞿秋白在上杭敵人團部被監禁月餘，一直沒有暴露身分。後來蔣介石得到密報，說瞿秋白在長汀被捕，即令駐長汀的三十六師師長宋希濂核查。宋希濂叫各團把俘虜的姓名及相貌特徵等分別詳細造冊送到師部。不久，上杭保安團就將瞿秋白戴上腳鐐手銬，押送長汀三十六師師部。從此，我就再也見不到瞿秋白了。

我和張亮被國民黨以「共匪堅定分子」的罪名，各判十年徒刑，投入龍岩監獄。張亮在獄中產一男嬰。一九三八年春，國共兩黨合作抗日，我和張亮被保出獄。在投奔新四軍途中，張亮及四歲的兒子走失了……

編注：

①此文原刊《福建黨史月刊》一九九一年第九期。

〔附錄二〕瞿秋白獄中側記①
——訪鹽城衛校陳子剛先生

紀白

戊辰三月，春寒料峭，筆者於七日清晨，專程去鹽城，拜訪鹽城市政協委員、鹽城衛生學校陳子剛先生，在大江南北的瀝青路上，經過了六個半小時長途汽車的顛簸，抵達當年重建新四軍軍部的蘇北重鎮。

第二天，在建設銀行高紅同志的引薦下，偕同登門，看望這位五十四年前，在長汀獄中給瞿秋白烈士看病的醫生。好在事先有函相約，雖不相識，一經介紹，便免掉了不少寒暄之詞。主人對我說：「你寫來的信，我收到了，一直等著你來。」三言兩語，縮短了初次見面的心理距離，形成了採訪供求的默契。落座沏茶之際，我打量著主人，面龐清瘦，但精神矍鑠，銀絲白髮，神態自若，溫文爾雅，文靜中見深邃。

我未曾發問，主人便作了一番自我介紹：「我一九一一年生，一九三五年在國民黨三十六師師部軍醫處當上尉軍醫，當時叫陳志剛，後改為子剛，小學讀書時，叫陳剛。陳炎冰是少校軍醫，是我的領導，冷培之是中校軍醫，再上面還有一個頭，是軍醫處處長邱定邦。三十六師是蔣介石的嫡系，師長是宋希濂。」

聽著介紹，我的思緒，猶如蒙太奇鏡頭閃回到瞿秋白當年囚禁的長汀監獄。

「一九三五年五月瞿先生押解到三十六師師部時，身分已被叛徒出賣暴露。穿灰色夾長袍，額角兩邊帶方，棱角線很清。囚室在汀州中學的一個院中，院子一端宋希濂住，另一端衛兵住，再一端瞿先生住。在七八個平方的小房間中，放一張木板床，窗下有桌子和椅子。因他是要人，又有肺結核，邱定邦就派我去給他看病。當時我是初級醫生，陳炎冰是留日的，研究溫泉學，瞿先生的健康狀況都向陳炎冰反映。」

「除了看病，你與瞿先生也談談家常嗎？」

陳說：「經常談。我問他，是什麼地方人？他說是常州人。他問我是什麼地方人？我說是鹽城人。這樣同一省的人，在外省，也就變成同鄉了。幾次會面，相處無疑。他說他是破落世家，母親很早去世，住在祠堂內，小時生活很苦。」

「交談中是否也涉及到政治問題呢？」

「瞿先生並不回避，他在俄文專修館學習，接觸到了蘇聯十月革命新思想，信仰共產主義，後去蘇聯當記者，兩次去過蘇聯。」

「那麼，對於比較敏感的國民黨與共產黨之間的鬥爭又是如何看法呢？」

「我曾問瞿先生，蔣介石口稱剿匪，總是沒剿掉，國家前途發展會怎樣呢？瞿先生說，歷史的發展，肯定是走向共產主義社會，但當前蔣介石的勢力較大，一下子實現共產主義不可能，但總的趨勢，共產主義要實現。」

「瞿先生對當時自己的處境，是怎樣估計的呢？」

「這個問題我曾問過瞿先生，對他今後的歸宿估計會怎樣？」

「他希望把他轉到南京，外援對他有利，如果丟在汀州，沒有外援倒是危險的。瞿先生托我向外寄了兩封信，是我貼的郵票。」

「我聽說，瞿先生曾給你刻過圖章，是真的嗎？」

「是真的。瞿先生擅長集唐、書法、金石，我問瞿先生，能否給我寫字、刻圖章？他說，可以，沒有刻刀，用洋釘在我買的有小動物裝飾的石頭上刻了我的名字。他還先後給我寫了八小張的詩，內容都是集唐。即從唐詩這一首中抽出一句，那一首中抽出一句而組成詩。他沒有圖章，就在洋蠟燭上刻一個『白』字蓋上。」

「瞿先生在獄中的兩個月，給你留下些什麼印象呢？」

「瞿先生平易近人，從不炫耀自己。我曾問他，你在共產黨內做什麼？他說，做教育工作。我又問，怎麼教育呢？他說，掃盲，在瑞金老鄉趕集時，剪成方塊字，叫老鄉認。他喜歡喝點酒、抽煙，有時候我給他買點菜和酒，也給他一點香煙。其次，他機敏睿智，坦率驚人。他在練習簿上用鋼筆寫了《多餘的話》，曾對我說，我是文人，對政治是偶然，我沒有什麼話好講，寫了也是多餘，時代造成的。就義的前幾天，我問他最近怎麼樣？他說，最近情緒不太好，一天晚上做了一個夢，在森林中漫步，陰森森的，這是不好的預兆。再次，看上去是文弱書生，實際上是一個硬漢，平時看不出來，關鍵時刻才能認識一個人真正的偉大。一九三五年六月十八日，宋希濂動用了一百五十多人的特務連，將瞿先生帶赴刑場。從囚室到就義的羅漢嶺有兩華里多山路，瞿先生鎮定自若、視死如歸。當時，我都不忍心去現場。事後管藥材的少校主任曹文桂告訴我，就義前，瞿先生對執行者提出了兩點要求：我不能屈膝跪著死，我要坐著。第二點就是不能打我的頭。最後他盤膝而坐，子彈穿過心臟而英勇就義，年僅三十六歲。」

談到這裡我不禁想起了他臨刑前的題詞：「如果人有靈魂的話，何必要這個軀殼？但是，沒有靈魂的話，這軀殼又有什麼用？」他對生命的意義和人生的價值的認識，透徹而富有哲理；偉大的品格築起了驚世的豐碑。

「瞿先生的崇高人格一直激勵著找，值得告慰烈士的是，我也加入了中國共產黨，但我在黨內還是新兵，我今年七十七歲，是在一九八四年七十三歲時入黨的。」我向他介紹了瞿秋白紀念館的情況，他十分高興，表示一定前來瞻仰。交談了兩個小時，都忘了吃飯的時辰，還意猶未盡，兩代人的心靈交融在一起，秋白精神將永遠光照人間！

編注：

① 此文原載《瞿秋白研究》（一）。

〔附錄三〕

為瞿秋白看病的兩個陳軍醫

周楠本

瞿秋白被俘後有一幀人們熟悉的題贈「炎冰醫生」的囚犯半身照像，照片下面還題有一段耐人尋味的似視死如歸的話：「如果人有靈魂的話，何必要這個軀殼，……」除這張遺照外，他還將獄中寫的幾首詩錄贈給這位醫生；獄中致郭沫若信也是與這位醫生交談後所寫，並且由他傳遞出去。這位炎冰醫生無疑是瞿案的重要證人之一。中央專案組《關於瞿秋白同志被捕問題的複查報告》裡提到他：「一九三五年在國民黨第三十六師任獄醫的陳炎冰同志（大革命時期為共產黨員，後脫黨，解放後重新入黨，現退休在廣州）……」（見中紀委研究室編《紀律檢查工作文件選編（一九七八・十二—一九八〇）》）關於這位軍醫（說任「獄醫」不準確），《瞿秋白年譜長編》裡有一簡介：

「陳炎冰，字子剛，系大革命時期中共黨員，後脫黨。任國民黨卅六師少校軍醫，後曾在國防醫學院深造。一九五〇年以後回故鄉鹽城醫院任內科主任，後任衛校教務主任。一九八四年冬參加中國共產黨。」（《瞿秋白年譜長編》四百三十四頁，江蘇人民出版社一九九三年版）不少文章、研究著作以及記者採訪大體都是這麼介紹的。然而這個介紹竟是把兩個人合成為一個人了。事實是當時為瞿秋白看病的有兩個陳醫生，即一個叫陳炎冰，一個叫陳子剛。前一個陳醫生後來在廣東省溫泉醫療研究所工作，退休後仍一直在廣州生活；後一個才是「一九五〇年以後回故鄉鹽城醫院任內科主任，後任衛校教務主任。一九八四年冬參加中國共產黨」的陳子剛醫生。前一個陳醫生比後一個要年長，並且是上下級關係。

以前筆者也不知道與獄中瞿秋白看病的有兩個陳醫生，哪會想到有這麼巧合的事呢？

國民黨三十六師少校醫藥師曹文貴在六十年代寫的一份材料中說：「瞿秋白烈士，因病未能隨紅軍北上，被三十六師部隊捕獲，以後拘禁在三十六師司令部……瞿烈士的胃病，每天由陳志剛前去診治，由於經常接觸瞿秋白烈士，對陳志剛也比較熟識起來，先後曾寫了幾張詩詞送給陳志剛，亦替他刻了一個圖章，同時也通過陳志剛寫了幾張詩句給我，詩的內容是：『斬斷塵緣盡六根，自家且了自家身；欲知治國平天下，原有英雄大聖人。』」原先我認為這個醫藥師說的陳志剛就是瞿秋白遺墨中的「炎冰醫生」和

「炎冰先生」。校勘本《多餘的話》初稿對陳炎冰的說明也不自覺的以訛傳訛為：陳炎冰，字志剛（子剛）。……直到最近筆者才偶然發現陳軍醫的資料中有一些疑點：一是軍銜，有的資料說他是少校軍醫，而陳子剛的兒子對來訪者說他父親是上尉軍醫。這就相差一個等級了。應該說他兒子是不會弄錯的，但又覺得以陳的資歷來說，少校軍醫應該更為合理。此外，年齡上也引起了我注意。他兒子說他父親出生於一九一一年；而陳炎冰是一九二六年的黨員，並且參加過北伐，如果照這個出生年齡來看，這個上尉軍醫十五歲時就已經是個老革命了。雖說這並不是沒有這個可能，但是這種情況應該還是挺另類的。當然最讓人生疑的是，陳炎冰明明長期在廣東工作，退休後定居在廣州，怎麼又說「回故鄉鹽城醫院任內科主任，後任衛校教務主任」了呢？廣州與江蘇鹽城，這兩個地名一點也不搭界，相隔了幾個省，一個地處南海海濱，一個卻是東臨黃海，二者決不至於混淆。

我認為中紀委專案組對陳炎冰的基本情況應該是掌握得非常準確的，專案組成員在廣州對陳本人做了調查；但是鹽城也是不少記者專程前往採訪過的，看來不像虛構故事。這時我才想到很可能所說的陳醫生不是一個人，否則就必得分出一個真假悟空來。於是這就成為一個勢必要解開的疑團了。

此事倒沒費太多精力，解開疑團的資料很快就找到了，是一篇採訪陳子剛本人的訪問記。該文說：「戊辰三月，春寒料峭，筆者於七日清晨，專程去鹽城，拜訪鹽城市政協委員、鹽城衛生學校陳子剛先生，……我未曾發問，主人便作了一番自我介紹：『一九一一年生，一九三五年在國民黨三十六師師部軍醫處當上尉軍醫，當時叫陳志剛，後改為子剛，小學讀書時，叫陳剛。陳炎冰是少校軍醫，是我的領導，冷培之是中校軍醫，再上面還有一個頭，是軍醫處處長邱定邦。三十六師是蔣介石的嫡系，師長是宋希濂。』」（紀白《瞿秋白獄中側記——訪鹽城衛校陳子剛先生》，原刊《瞿秋白研究（一）》）

這樣一切都清楚了：陳子剛原名陳志剛，三十六師上尉軍醫，「陳炎冰是少校軍醫，是我的領導」。

再對照一下陳炎冰的簡歷（也是記者採訪其本人的記錄）：「早年畢業於廣州中山醫學院，一九二六年加入中國共產黨，並參加北伐。大革命失敗後，到日本留學。一九三四年經國民黨三十六師軍醫處長邱炳[定]邦介紹到該處當軍醫。……於一九三五年八月就離開三十六師，又投身革命。解放後，陳炎冰重新入了黨，任廣東省溫泉醫院研究所副主任，曾著有《溫泉的醫療作用》等四本專著。」（康模生、肖愛蓮、陳偉田：《瞿秋白在長汀獄中二三事》，載《福建黨史月刊》一九八五年第六期）

當年這兩位陳軍醫對於作為「匪魁」的瞿秋白都抱有十分的同情和敬重心，交談也頗融洽，他們都曾向瞿秋白求得過墨寶和刻章，二人都是這段歷史的見證人。

〔附錄四〕我所知道的瞿秋白烈士就義前後①

高春林

解放前，我曾在國民黨軍三十六師軍法處供職，參加過審訊及宣判殺害瞿秋白烈士，因此瞭解他始自被俘及至刑場就義的全部過程。

瞿秋白被捕，身分曝露後，被押到三十六師軍法處。偽師部決定組織特種軍法會審庭審理。並指定：軍法處長吳淞濤任審判長，參謀處第二課長張翼揚，副官處少校副官陳定二人任審判官，我任書記官組織之。

關於開庭審訊瞿秋白，在偽三十六師內已成為公開的祕密。因此，參加旁聽的士兵，開庭前就擠滿了法庭的四周。我還記得，當秋白烈士被押解入庭時，挺身站立庭中，態度極為從容。當吳淞濤詢問他的姓名、年齡籍貫、職業時，秋白回答：何祺祥，年三十六歲，職業醫生。繼問有無其他姓名？秋白不承認有其他姓名，更不承認就是瞿秋白。吳淞濤當即呼提一人出庭（即叛徒，其姓名忘記，聽說話是長汀附近口音），其臉圓，身材矮胖，當時年約四十歲，系工農民主政府教育文化委員會的勤雜人員。他被押進法庭立於秋白左側。吳淞濤照例又問叛徒姓名、年齡、籍貫以後，就問秋白：「你認識他麼？」秋白答：「不認識。」吳淞濤再問叛徒：「你認識他麼？」叛徒答：「他就是瞿秋白。是中央工農民主政府教員文化委員會委員。」吳淞濤進一步問：「沒有認錯人吧？」叛徒答：「沒有認錯。」於是吳淞濤轉而問秋白：「你聽到沒有？還有什麼說的麼？」秋白剴切地說：「事已至此，沒有什麼可說的！」此時，張翼揚插問：「你們闖入水口鎮幹什麼？」秋白告之因有肺病，想經水口鎮突圍赴漳州轉上海就醫。不料經過封鎖線，眾寡不敵被俘。吳淞濤隨即徵詢張翼揚和陳定兩審判官意見後，指示我當庭宣讀筆錄，如被告等認為無誤命蓋指印。事畢，吳宣佈退庭，被告等還押。

當時審訊的目的，就是要弄清楚何祺祥是否即瞿秋白，事經叛徒指證，並經瞿秋白認可以後，事已大白。吳淞濤、張翼揚、陳定等退庭後，立即向師參謀向賢矩、師長宋希濂彙報。宋指示電報南京偽軍委會請示處理。

此時，偽師以優待俘虜為名，將秋白調遷到單人監房，專派了湖南籍的副官蔣昌宜和江蘇泰興籍的上尉軍醫陳志剛去管理秋白的生活供應及保健事宜。在秋白同志移住單人監房的下午，我隨師屬處長級官員四五人，曾去探看他。這間監房約十幾平方。房門之側有木質花格窗兩扇，窗可透光，但其餘三面都是磚牆，相當陰濕。屋之中央偏後置床。被褥用具均秋白隨身之物，床頭有一櫃放置洗臉用具，皮箱一只放於床之一端。靠窗置三屜桌一張，木靠椅兩張，組成了秋白最後讀書場所。偽處級官員由吳淞濤進屋裡後，分別向秋白作了介紹，並由副官處長龍瑩介紹了蔣昌宜、陳志剛的姓名，並假殷勤地問寒問暖，告訴秋白：凡關於生活上的需要，請向蔣昌宜提出；並要保健醫生陳志剛：「要隨侍瞿先生左右。」究其實際，都是監視人員。秋白當時只提借《詩經》，並淡淡地說：「我生活上不需要什麼！」在秋白冷漠的態度下，談話就尷尬地結束了。

這間單人監房的門外，是一片狹長空地，為偽師部佔用長汀文廟的一死角，很少有人往來。空地兩端都設有武裝監視哨。秋白只可在院子裡散步。據陳志剛談：秋白甚喜金石篆刻，有時用殘餘蠟燭捏成印章坏子，用小刀刻章。瞿曾篆刻了一枚名章送給他，字跡古雅可愛。我聽說後，也曾求請秋白為我刻制：「江平」蠟章，以供玩賞。後來在抗戰中遺失，至今深感遺憾。

偽師請示電報去後不久，南京派來了兩個特務到長汀。當時由宋希濂、向賢矩同在會客室（實即師長辦公室）與瞿秋白談過一次話。事後，偽師秘書余壽湘向我們談：特務談話的目的，意在誘降。其內容以「共產主義不適合中國國情」為理論依據，而秋白則強調馬列主義可以解放全人類。余壽湘還對我們說：「宋希濂抱有憐惜人才之意，建議將秋白解送南京處理。而南京派來的特務則加以勸阻，告宋不必作此建議，並說建議也無用。」

瞿秋白烈士的《多餘的話》，就是在這次與南京派來的特務對話以後寫的。市上曾印有《多餘的話》的版本，是根據偽三十六師抄報南京的抄本。可惜，《多餘的話》的原作，系我保存在檔案內，檔案在抗戰前保存在南京三牌樓馬標營房（即三十六師的南京留守處）；因南京抗戰失守，檔案也遺失了。

一九三五年六月，南京批准對瞿秋白判處死刑，立即執行，並指示偽師在執行後，拍制正、側面照片各一幀報備。偽師部於同年六月十八日上午開庭宣判，由審判長吳淞濤和我兩人同席。當吳淞濤當庭向瞿秋白宣讀判決瞿的死刑的佈告以後，詢問秋白：「如對家庭有遺囑，可以當庭書寫。」秋白泰然作答「沒有」。於是吳淞濤命我宣讀「宣判筆錄」後，即宣佈「將『被告』瞿秋白押赴刑場執行槍決」。

……②

編注：

①此文明顯參借其他資料記述，因系當事人身分，這裡僅錄為參考。該文原刊《文史精華》一九九七年第五期。

②以下押赴刑場一段純系轉錄報紙新聞，非真實回憶，即予刪節。

六、附錄

中共中央紀律檢查委員會關於瞿秋白同志被捕問題的複查報告①

中央書記處：

瞿秋白同志，江蘇省常州市人，生於一八九九年。一九一九年參加「五四」運動。一九二〇年參加馬克思主義研究會。同年以新聞記者身分訪問蘇聯，是最早向我國人民介紹俄國十月革命後的情況的先進知識分子之一。一九二二年加入中國共產黨。翌年曾參加共產國際第三次代表大會。一九二三年回國。在黨的第三、四、五、六次全國代表大會上，均當選為中央委員。一九二七年大革命失敗後的緊要關頭，瞿秋白同志主持召開的中央「八七」會議，批判了陳獨秀右傾機會主義路線的錯誤，提出了進行土地革命和武裝鬥爭的正確主張。「八七」會議後擔任中共中央書記，主持中央工作，曾經犯過左傾盲動主義的錯誤。在六屆四中全會上，遭受王明「左」傾教條主義的打擊，被解除中央領導職務。一九三五年二月被國民黨逮捕，六月十八日被槍殺，時年三十六歲。

一九四五年，中共六屆七中全會通過的《關於若干歷史問題的決議》曾經對瞿秋白同志作過歷史評價，指出：「瞿秋白同志，是當時黨內有威信的領導者之一，他在被打擊以後仍繼續做了許多有益的工作（主要是在文化方面），在一九三五年六月也英勇地犧牲在敵人的屠刀之下。」

「文化大革命」初期，江青、康生、陳伯達一夥，操縱一些不明真相的群眾，掀起「討瞿」活動，把瞿秋白同志說成「叛徒」；還編印了所謂「罪證」材料，以《多餘的話》為依據，給瞿秋白同志強加上「貪生怕死」、「投降了敵人」、「叛變了黨和無產階級革命事業」等罪名。一九七二年十月七日印發到全黨各支部的第十二號中央文件中，也說瞿秋白同志被國民黨逮捕後，「自首叛變了」。

一九七九年五月，中央責成中央紀律檢查委員會，對瞿秋白同志被捕的問題進行複查。現將複查結果報告如下：

一、被捕經過

一九三五年初，瞿秋白同志經黨中央批准，由江西蘇區經福建省去上海治病。二月二十四日晨，在福建省上杭縣濯田區被敵圍攻，瞿秋白同志和張亮、周月林同時被捕，於二月二十六日押送上杭縣監獄關押。被捕初期，瞿秋白同志化名林琪祥，喬裝醫生，雖經敵人刑訊逼供，並未暴露身分。

同年四月十日，福建省委書記萬永成同志的妻子被國民黨第八師俘虜，供出瞿秋白同志在濯田被捕。四月下旬，瞿秋白同志被解送長汀國民黨第三十六師，張亮、周月林則被解送龍岩國民黨第二綏靖區司令部。在解送途中張亮、周月林供出林琪祥就是瞿秋白。②隨後，在叛徒鄭大鵬出面指認的情況下，瞿秋白同志才承認了自己的身分。

二、受審情況

瞿秋白同志身分未暴露前，在上杭縣監獄以林琪祥的化名，三月九日寫過一份《自供》，四月十五日又寫過一份要求保釋的《呈文》，《自供》和《呈文》中寫了幾句貶斥共產黨的話。但這種自供與呈文，是以非黨員醫生的面目假造經歷，以求脫身，這是在當時歷史條件下採取的策略行動。「文化大革命」中的「討瞿」文章，離開當時的歷史背景、具體情節，斷章取義，把上述《自供》和《呈文》說成是共產黨員自首變節的行為，是不符合事實的。

瞿秋白同志解送長汀並被叛徒指認後，在五月九日敵人追問中央紅軍去向時，回答說：「在二月初有過一次會議，決定了三條路線」，「項英、陳毅、梁柏台、何自立等就是在決定的幾條路線去活動了。至於何人擔任何路線，我卻不明白了」。「討瞿」文章據此認定，瞿秋白同志「出賣我黨我軍重要機密」。現在經詳細調查，這不是事實。據軍事科學院彙編的歷史資料中項英、陳毅等同志生前寫的材料，以及當時負責向湘贛邊突圍的獨立三團政委張凱同志（現任民政部黨組成員）寫的材料，上述瞿秋白同志所說兵分三路的事以及三路的方向，並非事實。這就證明，這個口供是編造的。至於口供中提到的項英、陳毅等同志的名字，則是當時人所共知的。因此，不存在出賣機密的問題。

「討瞿」文章還說，瞿秋白同志被捕後「暴露了黨的地下關係」。經詳細調查，這也不是事實。據溫仰春同志（一九三五年至一九三七年任中共閩西南軍政委員會秘書長，現在上海市委工作）證明：「福建黨組織對秋白同志不幸被俘，非常關懷，從各方面設法打聽他的安危問題，從未聽到他對黨有什麼不忠實、不利的反映。按原來的計畫，秋白同志要經福建、廣東、香港、上海這條祕密交通線，出去繼續為黨工作。這條祕密交通線，沒有因為秋白同志被捕而受到破壞，一直保持到一九三七年底，安全無損。這一點我完全可以負責證明。」

五月十三日，瞿秋白同志又寫過一份《自供》。這份筆供中說，中央蘇區「各鄉各區……的政權的確握在另外一種階級手裡，同蘇區以外是相反的。那些『下等人』無論他們因為文化程度的低而做出愚蠢或者多餘的事，可是他們是在學習著，進步著，在鬥爭中糾正著自己的錯誤。他們中間產生了不少幹部」；經濟建設方面「也有可驚的成績」。「至於民眾同蘇維埃政府的關係方面，只看一九三四年五月擴大紅軍，九月又擴大，計劃都完成了，六月和八月收集糧食也完成了」。筆供中還說，蘇區人民生活安定充足，只是由於國民黨軍隊對蘇區加緊軍事「圍剿」和破壞，才使蘇區人民生活一天天苦起來。由於瞿秋白同志在這份筆供中宣傳中央蘇區的成績，否定了敵人的誣衊，一九三七年七月，國民黨御用文人趙庸夫在《關於瞿秋白之種種》一文中，評論這篇《自供》說「文長四千餘字，首段敘在滬之生活狀況，中段述剛到匪區之感想，末為匪區政治的設施，及其對偽政府之鼓吹，因而不便發表」。（以上引文，載於一九三七年七月《逸經》雜誌第三十四期）

關於瞿秋白同志在獄中的表現，據宋希濂（關押和審問瞿秋白同志的原國民黨第三十六師師長，現為全國政協常委）一九五六年四月二日和一九七九年八月二十八日兩次回憶材料：一九三五年瞿秋白同志被關押「在三十六師時，我根據孫中山『中國只有大貧小貧之分，不適合於階級鬥爭』之說，與瞿先生辯論，瞿先生批評三民主義學說，他認為孫中山的三民主義的革命是不徹底的。」又據原上海市委統戰部部長陳同生同志（即陳農菲，已故）一九六二年回憶材料：瞿秋白同志對看守他的下級軍官公開宣傳：「國民黨是帝國主義統治中國的清道夫，蔣委員長是清道夫的頭子。」

一九三五年在國民黨第三十六師任獄醫的陳炎冰同志（大革命時期為共產黨員，後脫黨，解放後重新入黨，現退休在廣州）證明，瞿秋白同志在獄中對他說：「現階段中國革命是土地革命，毛澤東同志的以農村為革命根據地包圍城市，最後奪取城市，進而解放全中國，這是正確的革命路線。」

此外，瞿秋白同志在獄中，寫過一份《中國蘇維埃組織概要》和一份《未成稿目錄》（是擬寫自傳性作品的題目），內容均未涉及黨的機密。

三、拒絕勸降

由於瞿秋白同志是有名的共產黨領導人之一，一九三五年六月，特務頭子陳立夫派遣中統局訓練科科長王傑夫、叛徒陳建中前往長汀對他進行勸降，國民黨廈門市黨部書記、中統特務朱培璜也參與其事（注：王、朱二人均在全國解放後被我逮捕，陳於解放前逃往臺灣）。這次勸降，遭到瞿秋白同志的嚴詞拒絕。據公安部門的檔案記載，王傑夫一九六四年九月十七日交代，陳立夫向他說：「你如能說降瞿秋白叛變自首，這在國內國外都有很大的影響。」並佈置他通過瞿秋白同志查明我黨在上海、香港的組織關係和在江西的潛伏計劃。

王傑夫等人到長汀後，多次同瞿秋白同志談話。王問紅軍北上的目的，瞿秋白同志答：「紅軍北上的真正目的是抗日」；「我肯定我是相信紅軍一定能夠渡過長江天險，北上抗日目的一定可以達到」。王又問：「假設瞿先生不幸犧牲了，你是否希望中共中央為你舉行盛大的追悼會呢？」瞿答：「我死則死耳，你何必談什麼中共中央開不開追悼會呢？」王還交代，在一次談話中，陳建中問瞿秋白同志去香港、上海打算住在什麼地方？還有什麼關係？瞿「對陳怒形於色，沒有回答什麼」。

另一次談話，王傑夫問：中共中央過去發動過幾次大暴動，你瞿先生要不要負責？瞿答：「這些大暴動，都是中共中央發動的，也都是廣大人民群眾的革命運動。發動這些革命運動的責任，在中共中央方面，我應當負責任的。」王又問中共中央和紅軍西上後，江西等地的善後潛伏計劃，瞿秋白同志拒不回答。

又據朱培璜一九六一年三月十日親筆供詞，王傑夫在勸降中曾經企圖用親友之情打動瞿秋白同志，瞿秋白同志明白表示：「事實上沒有附有條件是不會允許我生存下去。……這條件就是要我喪失人性而生存。我相信凡是真正關心我、愛護我的親屬特別是吾妻楊之華，也不會同意我這樣毀滅的生存，這樣的生存，只會給他們長期帶來恥辱和痛苦。」王傑夫勸瞿秋白同志「識時務為俊傑」，要他效法叛徒顧建中（注：據朱供，此人曾任中共政治局保衛局長，應是顧順章）等人。瞿秋白同志「厲聲說：……『我不是顧建中，……我是瞿秋白。我情願作一個不識時務笨拙的人，不願作個出賣靈魂的識時務（者）』。」朱培璜在供詞的最後說：這次勸降，「由於瞿秋白先生忠貞不屈，嚴詞拒絕，致無結果而返。」

王傑夫、朱培璜是被我政府關押的歷史特務，他們的供詞當然不是原始的證明材料；但這是在「文化大革命」前正常情況下的供述，把它同瞿秋白同志後來終於被國民黨殺害聯繫起來看，仍然可以作為一種佐證。

四、從容就義

在瞿秋白同志抵制了敵人的勸降陰謀後，國民黨第三十六師遂執行蔣介石「瞿匪秋白即在閩就地槍決，照相呈驗」的電令，將他殺害。

據一九三五年七月五日《大公報》、七月七日《福建民報》的報導，以及當時的知情人證明，一九三五年六月十八日晨，國民黨第三十六師特務連長出示槍決命令，瞿秋白同志鎮靜地說：「人生有小休息，有大休息，今後我要大休息了。」並在去刑場途中，唱《國際歌》、《紅軍歌》，呼喊「共產主義萬歲」、「中國共產黨萬歲」、「中國革命勝利萬歲」等口號。到達刑場後，他盤膝坐在草坪上，點頭微笑說：「此地很好！」飲彈灑血，從容就義。

五、關於《多餘的話》

《多餘的話》這本小冊子，在「文化大革命」中被有些人說成是瞿秋白同志「叛變」的主要根據。

《多餘的話》一向傳說是瞿秋白同志在獄中寫的自述，最先刊登在中統特務主辦的《社會新聞》雜誌上。一九五四年以來，經反復查找，迄今國內外從未發現《多餘的話》手稿，它是否為瞿秋白同志所寫和是否經過敵人篡改，歷來有人懷疑。目前流傳的這個《多餘的話》，即使是真的，文中一沒有出賣黨和同志；二沒有攻擊馬克思主義、共產主義；三沒有吹捧國民黨；四沒有向敵人求饒、乞求不死的任何內容。《多餘的話》裡，雖然也有些消沉的語言，但是，客觀地、全面地加以分析，決不能認為是叛變投降的自首書。

由此可見，把《多餘的話》作為瞿秋白同志叛變投敵的根據，是不能成立的。

以上複查的結果確鑿表明：瞿秋白同志被國民黨逮捕後，堅持了黨的立場，保持了革命節操，顯示了視死如歸、從容就義的英勇氣概。一九四五年黨的六屆七中全會對瞿秋白同志所作的歷史評價，是正確的。「文化大革命」中，把瞿秋白同志誣衊為「叛徒」，是完全錯誤的，應當為瞿秋白同志徹底平反，恢復名譽。

中共中央紀律檢查委員會
一九八〇年九月十五日

編注：

①一九七九年五月中共中央責成中共中央紀律檢查委員會對瞿秋白被捕問題進行複查，這份複查結論報告經中央書記處討論通過後即由中共中央辦公廳下發通知傳達全國基層黨組織。此份文件現收入中共中央紀律檢查委員會研究室編《紀律檢查工作文件選編（一九七八．十二—一九八〇）》（一九八一年）。

②關於張亮、周月林一案，參閱本書「回憶資料」第一篇《我和瞿秋白、何叔衡一起突圍、被俘的前前後後》及「被俘審訊資料」中有關史料。

Do人物53　PC0548

多餘的話
——瞿秋白獄中反思錄

原　　著／瞿秋白
編　　者／周楠本
責任編輯／李書豪
圖文排版／楊家齊
封面設計／楊廣榕

出版策劃／獨立作家
發 行 人／宋政坤
法律顧問／毛國樑　律師
製作發行／秀威資訊科技股份有限公司
地址：114 台北市內湖區瑞光路76巷65號1樓
電話：+886-2-2796-3638　傳真：+886-2-2796-1377
服務信箱：service@showwe.com.tw
展售門市／國家書店【松江門市】
地址：104 台北市中山區松江路209號1樓
電話：+886-2-2518-0207　傳真：+886-2-2518-0778
網路訂購／秀威網路書店：https://store.showwe.tw
國家網路書店：https://www.govbooks.com.tw

出版日期／2015年12月　BOD一版　定價／400元

|獨立|作家|
Independent Author
寫自己的故事，唱自己的歌

多餘的話：瞿秋白獄中反思錄 / 瞿秋白原著；
周楠本編. -- 一版. -- 臺北市：獨立作家
2015.12
面； 公分. -- (Do人物；53)
BOD版
ISBN 978-986-92449-1-6(平裝)

1. 瞿秋白 2. 傳記

782.887 104024163

國家圖書館出版品預行編目

讀者回函卡

感謝您購買本書，為提升服務品質，請填妥以下資料，將讀者回函卡直接寄回或傳真本公司，收到您的寶貴意見後，我們會收藏記錄及檢討，謝謝！如您需要了解本公司最新出版書目、購書優惠或企劃活動，歡迎您上網查詢或下載相關資料：http:// www.showwe.com.tw

您購買的書名：______________________________

出生日期：________年________月________日

學歷：□高中（含）以下　□大專　□研究所（含）以上

職業：□製造業　□金融業　□資訊業　□軍警　□傳播業　□自由業

□服務業　□公務員　□教職　□學生　□家管　□其它____

購書地點：□網路書店　□實體書店　□書展　□郵購　□贈閱　□其他

您從何得知本書的消息？

□網路書店　□實體書店　□網路搜尋　□電子報　□書訊　□雜誌

□傳播媒體　□親友推薦　□網站推薦　□部落格　□其他________

您對本書的評價：（請填代號　1.非常滿意　2.滿意　3.尚可　4.再改進）

封面設計____　版面編排____　內容____　文／譯筆____　價格____

讀完書後您覺得：

□很有收穫　□有收穫　□收穫不多　□沒收穫

對我們的建議：______________________________

____

____

____

請貼
郵票

11466
台北市內湖區瑞光路 76 巷 65 號 1 樓
獨立作家讀者服務部 收

（請沿線對折寄回，謝謝！）

姓　　名：＿＿＿＿＿＿＿＿　年齡：＿＿＿＿　性別：□女　□男

郵遞區號：□□□□□

地　　址：＿＿＿＿＿＿＿＿＿＿＿＿＿＿＿＿

聯絡電話：(日)＿＿＿＿＿＿＿＿(夜)＿＿＿＿＿＿＿＿

E-mail：＿＿＿＿＿＿＿＿＿＿＿＿＿＿＿＿